Os guardiões de sonhos
*O ensino bem-sucedido
de crianças afro-americanas*

Coleção Cultura Negra e Identidades

Gloria Ladson-Billings

Os guardiões de sonhos
*O ensino bem-sucedido
de crianças afro-americanas*

Tradução
Cristina Antunes

autêntica

"The Dreamkeepers: Sucessfull Teachers of African American Children"
de Gloria Ladson-Billings.
Copyright © 1994 by John Wiley & Sons, Inc.
Translated with the permission of John Wiley & Sons, Inc.

COORDENADORA DA COLEÇÃO CULTURA NEGRA E IDENTIDADES
Nilma Lino Gomes

CONSELHO EDITORIAL
Marta Araújo – Universidade de Coimbra; Petronilha Beatriz Gonçalves e Silva – UFSCAR; Renato Emerson dos Santos – UERJ; Maria Nazareth Soares Fonseca – PUC Minas; Kabengele Munanga – USP.

PROJETO GRÁFICO DA CAPA
Patrícia De Michelis

TRADUÇÃO
Cristina Antunes

EDITORAÇÃO ELETRÔNICA
Conrado Esteves

REVISÃO TÉCNICA
Júlio Emílio Diniz Pereira

REVISÃO
Alexandra Costa da Fonseca

EDITORA RESPONSÁVEL
Rejane Dias

Todos os direitos reservados pela Autêntica Editora. Nenhuma parte desta publicação poderá ser reproduzida, seja por meios mecânicos, eletrônicos, seja via cópia xerográfica sem a autorização prévia da editora.

AUTÊNTICA EDITORA LTDA.
Rua Aimorés, 981, 8° andar . Funcionários
30140-071 . Belo Horizonte . MG
Tel: (55 31) 3222 68 19
Televendas: 0800 283 13 22
www.autenticaeditora.com.br

Dados Internacionais de Catalogação na Publicação (CIP)
(Câmara Brasileira do Livro, SP, Brasil)

Ladson-Billings, Gloria
   Os guardiões de sonhos : o ensino bem-sucedido de crianças afro-americanas / Gloria Ladson-Billings ; tradução Cristina Antunes . — Belo Horizonte : Autêntica Editora, 2008. — (Coleção Cultura Negra e Identidades)

   Título original: The Dreamkeepers : Successful Teachers of African American Children

   Bibliografia

   ISBN 978-85-7526-299-3

   1. Antropologia educacional - Estados Unidos 2. Ensino 3. Negros - Estados Unidos - Educação I. Título. II. Série.

08-05216   CDD-370.8996073

Índices para catálogo sistemático:
1. Estados Unidos : Comunidade afro-americana :
Educação 370.8996073

Sumário

Agradecimentos 9

Prefácio 11

O sonho adiado 17

Cultura importa? 33

Vendo a cor, vendo a cultura 49

Somos uma família 73

A árvore do conhecimento 97

Ensino culturalmente relevante 121

Transformando sonhos em realidade 145

Apêndice a: metodologia 163

Apêndice b: contexto 177

Referências 187

Aos meus pais
James e Jessie,
por cultivarem o sonho.

Agradecimentos

Simples palavras são insuficientes para expressar minha gratidão pela inestimável ajuda que recebi para conceber, desenvolver e escrever este livro. Meus colegas, Mary E. Gomez, Carl A. Grant, Joyce E. King, B. Robert Tabachnick e William H. Tate deram opiniões inestimáveis e encorajamento. O programa de bolsa de estudos de pós-graduação da National Academy of Education, dirigido pela Spencer Foundation, deu-me os recursos e a oportunidade para realizar a pesquisa na qual este livro é baseado. A orientação espiritual do Reverendo e Sra. Emil M. Thomas preservou-me de me sentir desencorajada e derrotada durante um período de grave doença. Os professores, pais de alunos e a comunidade onde realizei minha pesquisa deram generosamente seu tempo e energia para tornar este projeto possível. E minha família – meu marido Charles e meus filhos Jessica e Kevin – deu-me o tempo e o apoio para tornar este livro uma realidade.

Em última análise, entretanto, assumo total responsabilidade pelo seu conteúdo. As idéias e opiniões expressadas e os erros cometidos são apenas meus.

Gloria Ladson-Billings

PREFÁCIO

Nenhum desafio tem sido mais intimidante que o de melhorar a realização acadêmica de alunos afro-americanos. A busca pela educação de qualidade permanece um sonho vago para a comunidade afro-americana, oprimida por uma história que inclui a negação da educação, o ensino separado e desigual e o banimento para escolas inseguras e precárias na zona central da cidade. No entanto, persiste um sonho – talvez o mais poderoso para o povo de origem africana nesse país.

O poder e a persistência da metáfora do sonho têm definido a permanência dos afro-americanos nos Estados Unidos. Das palavras da Bíblia à poesia de Langston Hughes e à oratória de Martin Luther King Jr., a luta dos afro-americanos contra todas as desigualdades tem sido estimulada pela perseguição de um sonho.

A educação e o acesso à escolarização têm sido privilégios acalentados entre os afro-americanos por serem vistos como a rota mais direta para a realização do sonho. Aos escravos não era permitido aprender a ler ou receber educação, e isso tem enfatizado a possibilidade e o poder da educação para a libertação. A crônica do movimento dos direitos civis nos Estados Unidos ilustra a educação como o ponto central para a luta dos afro-americanos por oportunidades iguais e cidadania plena. Desse modo, a Escola Secundária Central de Little Rock, Arkansas; a Universidade do Mississipi; a Universidade do Alabama; as escolas públicas de Boston, Brownsville e New York – todas simbolizam a disposição dos afro-americanos de sacrificar tudo pela causa da educação.

Atualmente, porém, os afro-americanos se acham em uma curva descendente. Os estudantes afro-americanos ficam muito atrás dos seus colegas brancos nas avaliações padrão de rendimento acadêmico. Ao mesmo tempo, a própria sociedade – que sofreu uma revolução dos direitos civis – acha-se presa pelas forças do racismo e da discriminação. Quase quarenta anos depois da decisão da Suprema Corte tornando ilegais escolas separadas mesmo que igualitárias, a maioria dos estudantes afro-americanos ainda freqüenta escolas que, na realidade, são segregadas e desiguais.

Todavia, *Guardiões de sonhos* não trata da falta de esperança. Mais exatamente, trata de manter o sonho vivo. O valor deste livro pode ser encontrado na constante transformação demográfica das escolas públicas de nossa nação. As crianças de cor constituem uma porcentagem crescente dos nossos estudantes. Representam 30% da população escolar de nossas escolas públicas. Nos vinte maiores distritos escolares, perfazem mais de 70% do número total de matrículas. Em oposição, o número de professores de cor, especialmente afro-americanos, é diminuto. Os professores afro-americanos representam menos de 5% do total da população de professores das escolas públicas. Além disso, muitos professores – tanto brancos como negros – sentem-se mal preparados, para, ou mesmo incapazes, de enfrentar as necessidades educacionais dos alunos afro-americanos.

Com base no estudo de um grupo de excelentes professores, este livro fornece exemplos de ensino eficaz para alunos afro-americanos. Mais que uma prescrição ou uma receita, oferece aos leitores modelos para o aperfeiçoamento da prática e desenvolvimento de teoria fundamentada através do olhar sobre as intelectualmente exigentes e instigantes salas de aula desses professores em um distrito escolar de baixa renda e predominantemente afro-americano.

Escrevi este livro em três vozes: a de um intelectual e pesquisador; a de um professor afro-americano; e a de uma mulher afro-americana, mãe e membro da comunidade. Desse modo, o livro oferece um misto de erudição e relato – da pesquisa qualitativa e da vida real. Confio, decisivamente, no "relato" como um meio de transmitir a excelente prática pedagógica dos professores estudados. Em campos como leis, educação, estudos étnicos e estudos feministas, cada vez mais o relato vem ganhando crédito como uma metodologia apropriada para a transmissão da riqueza e complexidade do fenômeno cultural e social. Assim, o público para este livro pode ser amplo e variado.

O livro é ao mesmo tempo reflexivo e empírico. No seu núcleo está a história da prática pedagógica de oito professores exemplares. No entanto, minhas próprias experiências como aluna afro-americana que passou pelo ensino público com êxito funcionam como um pano de fundo para minha compreensão daquela prática. O que existia na minha vida escolar que me permitiu perseverar e vencer? Não estou deixando de lado o fato de que minha escolarização se deu em uma época diferente e talvez mais simples. Ainda guardo vívidas lembranças do modo como a escolarização me afetou tanto positivamente como negativamente, e essas memórias me ajudam a ver e compreender as práticas nas salas de aula atuais.

Quebrei, no mínimo, duas convenções científicas por causa da minha decisão de escrever dessa forma. Primeiro, reduzi a primazia da "objetividade", já que escrevo ao mesmo tempo sobre minha vida e memórias como estudante afro-americana, e sobre as vidas e experiências desse grupo de professores eficientes. Em segundo lugar, escrevo em um estilo que pode ser considerado metodologicamente "desarrumado", quando discuto questões tanto no nível da sala de aula quanto no nível da escola. Faço isso porque esta é uma oportunidade de reforçar a fluidez e o vínculo entre o indivíduo e o grupo, no qual professores e alunos trabalham.

Poderia ter escolhido escrever este livro nos moldes da tradição científica dominante: enunciado do problema, revisão da literatura, metodologia, levantamento de dados, análise, e implicações para pesquisa ulterior. De fato, é para isso que fui treinada. Mas aquela tradição rejeita minha indispensável subjetividade. Assim, escolhi integrar minhas ferramentas "científicas" ao conhecimento que possuo da minha cultura e às minhas experiências pessoais.

Formadores de professores multiculturais considerarão este livro um útil complemento à literatura sobre questões curriculares e educacionais relacionadas aos alunos afro-americanos. Professores atuantes e professores em formação terão uma oportunidade de criar estratégias e técnicas apropriadas para suas salas de aula, com base nas estratégias e técnicas que são mostradas neste livro. Pais e membros da comunidade serão capazes de usar o livro como um "tema de discussão" para ajudar a esboçar a redefinição de escolas comunitárias que melhor se adaptem às necessidades de seus alunos.

No entanto, reafirmo, este livro não é uma prescrição. Não contém listas de coisas que devem ser feitas a fim de alcançar um ensino eficaz para alunos afro-americanos. Ainda que para mim fosse tentador fazer exatamente isso, meu trabalho neste livro me convenceu de que se o fizesse, seria profissionalmente desonesta. Sou comprometida com a crença de que, do mesmo modo que esperamos que as crianças infiram grandes lições de vida das histórias que contamos a elas, nós, como adultos, podemos construir nosso juízo desses relatos dos professores sobre eles mesmos e sobre seu magistério.

Escrevi este livro não para oferecer uma solução a problemas de educação de afro-americanos, mas para oferecer uma oportunidade de promover esses problemas ao centro do debate sobre educação em geral. De acordo com o atual pensamento de políticas públicas, este livro afirma que a maneira como um problema é definido molda o universo de ações públicas razoáveis. Dada a nossa limitada capacidade de tratar de cada problema que afeta a sociedade, a formulação do problema adquire maiores dimensões. Desse modo, um problema específico, como a educação, não pode se sustentar sozinho; de preferência deve estar vinculado a questões mais amplas, como defesa nacional, competitividade econômica, ou crime. Neste livro, tentei reformular o que tem sido considerado o problema do ensino de afro-americanos dentro da promessa de uma prática bem-sucedida, e o problema de nossa incapacidade de refletir sobre como podemos aprender com esse sucesso.

Este livro discute a idéia de ensino culturalmente relevante e seus inerentes conceitos de professor e outros; de interações sociais das salas de aula; da alfabetização e ensino da matemática; e do conhecimento em si mesmo. Além disso, o livro examina as implicações do ensino culturalmente relevante para a formação dos alunos afro-americanos e de professores.

O Capítulo Um, numa tentativa de repensar ensino e aprendizagem para afro-americanos, lança a pergunta: "Há uma justificativa para escolas separadas?". Longe de sugerir uma volta à segregação racial, o capítulo aponta a crescente hostilidade dos afro-americanos em relação ao tipo de educação que suas crianças recebem hoje nas escolas públicas. Colocada num contexto histórico, a questão suscita questões adicionais sobre o preparo dos professores.

O Capítulo Dois discute o aumento da literatura educacional e antropológica sobre caminhos pelos quais a escola pode se tornar mais compatível com os perfis culturais dos alunos. O capítulo identifica uma lacuna na literatura, em especial no que diz respeito às experiências dos alunos afro-americanos, e apresenta o ensino culturalmente relevante como um caminho para lidar com essa lacuna. Também compara práticas de ensino assimilacionistas e tradicionais com práticas de ensino culturalmente relevantes.

O Capítulo Três discute um aspecto crítico do ensino culturalmente relevante: o conceito dos professores sobre si mesmos e os outros. Breves descrições e entrevistas com esse grupo de professores bem-sucedidos de alunos afro-americanos ilustram como eles vêem a si mesmos e aos seus alunos.

O Capítulo Quatro discute um segundo aspecto crítico do ensino culturalmente relevante: a maneira como são estruturadas as interações sociais das salas de aula. Mais uma vez, os dados de breves descrições e entrevistas ilustram os pontos pertinentes.

O Capítulo Cinco discute o terceiro aspecto crítico do ensino culturalmente relevante: o conceito que os professores têm de conhecimento. Fornece exemplos de como esse tipo de prática de ensino ajuda tanto os professores, como os alunos, a construir o conhecimento e ir além das exigências curriculares estaduais ou municipais para obter excelência acadêmica e cultural.

O Capítulo Seis focaliza três dos professores do estudo e seu ensino dos programas de alfabetização e matemática. O foco na alfabetização compara duas diferentes abordagens educacionais e materiais, que produzem resultados similares: uma sala de aula de alunos alfabetizados. O capítulo examina as maneiras como a prática do ensino culturalmente relevante pelos professores transcende a estratégia material e instrucional. O foco na matemática compara a prática de professor culturalmente relevante com a de um novato que trabalha numa escola branca da classe média alta.

O SONHO ADIADO

> O que acontece com um sonho adiado?
>
> (Langston Hughes)

Em 1935, W. E. B. Du Bois propôs a questão: "O negro precisa de escolas separadas?" (1935, p. 328-335). Essa questão surgiu como resultado da avaliação de Du Bois de que a qualidade da educação que os afro-americanos estavam recebendo nas escolas públicas do país era pobre, uma avaliação que ainda hoje é verdadeira. Por todo o país, nos nossos centros urbanos, um clamor por ensino alternativo sugere, em última análise, que as tentativas de desagregar as escolas públicas não têm sido benéficas para os alunos afro-americanos. Os sistemas escolares em cidades como Milwaukee, Baltimore, Miami, Detroit e New York estão analisando programas experimentais destinados a satisfazer às necessidades específicas dos meninos afro-americanos (Murrel, 1993). A idéia de escolas especiais para afro-americanos (especificamente meninos afro-americanos) tem incitado caloroso debate, tanto sobre a capacidade como a responsabilidade das escolas públicas de educar adequadamente alunos afro-americanos. Por que nos anos 1960, depois de décadas lutando por direitos civis e iguais, os afro-americanos estão igualmente considerando a possibilidade de escolas separadas?

O clima atual

Uma olhada nas estatísticas dá uma idéia. Em todas as avaliações padrão de rendimento, os alunos afro-americanos continuam a ficar significativamente atrás de seus colegas brancos (Bray, 1987). Em relação às crianças brancas, três vezes mais crianças afro-americanas tendem a deixar a escola, e duas vezes mais tendem a ser suspensas (EDELMAN, 1987). A taxa de evasão da escola secundária em Nova York e na Califórnia é de cerca de 35%; nas cidades do interior, onde vive um grande número de afro-americanos, a taxa se aproxima de 50% (CHAN; MOMPARLER, 1991, p. 44-45). Alunos afro-americanos constituem apenas cerca de 17% da população das escolas públicas, mas representam 41% da população de atendimento especial (KUNJUFU, 1984). Essa triste estatística se mantém, não obstante as duas ondas de reforma educacional iniciadas nos anos 1980.[1]

Essas estatísticas medíocres da educação para alunos afro-americanos são correlatas de algumas severas realidades sociais e econômicas. Aproximadamente uma em cada duas crianças afro-americanas é pobre. A taxa de mortalidade infantil entre afro-americanos é duas vezes maior que entre brancos. Crianças afro-americanas têm cinco vezes mais probabilidade de se tornarem dependentes da previdência social e engravidarem na adolescência do que as crianças brancas; têm quatro vezes mais probabilidade de morarem com nenhum dos pais, três vezes mais de viverem num lar dirigido por mulheres, e duas de morarem em alojamentos precários (HARLAN, 1985). Mais jovens afro-americanos do sexo masculino estão sob o controle do sistema de justiça criminal do que nas faculdades (CHAN; MOMPARLER, 1991, p. 44). De fato, um menino afro-americano que nasceu na Califórnia em 1988 tem três vezes mais chance de ser assassinado do que de ser admitido na Universidade da Califórnia.[2]

Essas condições econômicas e sociais pobres têm tradicionalmente estimulado os afro-americanos a olharem para a educação – no modelo das escolas públicas integradas – como a mais provável rota de fuga para o sonho americano. No memorável caso de 1954, *Brown versus Conselho de Educação*, Thurgood Marshall argumentou não apenas que as escolas separadas do sul eram fisicamente precárias mas também que sua própria existência era psicologicamente nociva para as crianças

---

[1] A primeira onda de reforma educacional foi iniciada com A Nation at Risk, da Commission on Excellence in Education, e visava amplamente à melhoria das escolas. A segunda onda, conduzida pelo relatório do Holmes Group, Teachers for Tomorrow's Schools, e pelo relatório A Nation Prepared: Teachers for the Twenty-First Century, focalizava a melhoria do professor.

[2] "Saving Our Schools". *Fortune*, Spring, 1990 (special issue).

afro-americanas. Mesmo agora, quarenta anos depois, alguns educadores afro-americanos e pais se perguntam se escolas separadas, que dão ênfase especial às necessidades de suas crianças, podem ser o meio mais adequado para garantir que elas recebam uma educação de qualidade.

No final dos anos 1980, enquanto estava lecionando na Califórnia, uma repórter de outro estado me procurou para perguntar minha opinião sobre uma escola de imersão para afro-americanos do sexo masculino que estava sendo cogitada em sua cidade.

"Corrija-me se eu estiver errada", disse eu, "mas não é verdade que 90% dos alunos afro-americanos da sua cidade já freqüentam escolas para negros?"

"Bem, sim, acho que é isso", ela respondeu.

"Então, o que você está realmente me perguntando é o que penso sobre escolas para um só sexo?", continuei.

"Não, não é isso o que estou perguntando... Acho que não", disse ela, em dúvida. "Mas agora que você me fez lembrar que as escolas já são segregadas, acho que preciso repensar minha pergunta".

A preocupação a respeito de escolas de imersão afro-americanas não é realmente sobre a segregação da escola. De fato as escolas dos grandes centros urbanos hoje são mais segregadas que nunca. A maioria das crianças afro-americanas freqüenta escolas com outras crianças afro-americanas. Além disso, quando os brancos e pessoas de cor da classe média (incluindo afro-americanos, latinos e ásio-americanos) fugiram das cidades, não apenas abandonaram as escolas para crianças pobres de cor, mas também levaram consigo os recursos, devido à redução da receita proveniente dos impostos. Num mundo melhor, eu gostaria de ver escolas integradas, racial, cultural e lingüisticamente, e por todos os outros caminhos. Mas sou demasiado pragmática para ignorar o sentimento e a motivação subjacentes ao movimento das escolas de imersão afro-americana. Afro-americanos já têm escolas separadas. O movimento de escola de imersão afro-americana ocupa-se em *tomar o controle* dessas escolas separadas.

Lembro-me dos meus primeiros dias na escola. A despeito do fato de que havia perto de trinta outras crianças de cinco anos competindo pela atenção do único adulto presente, a escola parecia-se muito com o lar. Todos lá eram negros. Vários dos meus colegas de classe eram crianças que eu conhecia da minha vizinhança. A professora era uma mulher afro-americana atraente e cuidadosamente vestida que nos disse o quanto íamos nos divertir e o quanto esperava que aprendêssemos. Achei que a escola era um bonito lugar bem cuidado. Era segura e limpa, com pessoas que se importavam com você: outra vez, muito parecida com o lar.

O atual clamor por escolas separadas pode ser compreensível se forem deixadas de lado as evidentes objeções feitas a elas – que são injustas, não democráticas, reacionárias e ilegais – e se considerar os méritos possíveis. Primeiro, a maioria dos alunos da zona central da cidade já freqüenta, de fato, escolas segregadas. No momento em que foi feita uma proposta em prol de escolas para afro-americanos do sexo masculino em Milwaukee, os alunos afro-americanos da rede pública de ensino de Milwaukee já estavam segregados em suas escolas na região central da cidade. Na realidade, essa proposta foi precedida de uma solicitação para a criação, em Milwaukee, de um distrito escolar afro-americano separado (MURRELL, 1988).

Segundo, as escolas públicas ainda têm que demonstrar um constante empenho a fim de proporcionar educação de qualidade para afro-americanos. Não obstante modestas melhoras na pontuação dos exames padronizados, o desempenho dos afro-americanos nas escolas públicas – mesmo aqueles provenientes de famílias estáveis com maior poder aquisitivo – permanece atrás do dos brancos vindos de lares similares.

Terceiro, alguns dados sugerem que crianças afro-americanas que freqüentam escolas afro-americanas particulares ou independentes, sistematicamente se situam nos níveis mais altos das avaliações padronizadas de rendimento [do que aquelas que freqüentam as escolas públicas] (RATTERAY, 1989). Naturalmente, alguém pode questionar que os alunos que freqüentam escolas particulares são um seleto subconjunto da população escolar e normalmente têm pais que dão suporte e participam, são mais motivados e têm outras vantagens sociais e econômicas. No entanto, um exame mais cuidadoso das crianças afro-americanas que freqüentam escolas particulares revela que um grande número delas é bem-sucedido nessas escolas depois de ter sido malsucedido nas escolas públicas (RATTERAY, 1986).

Historicamente, os afro-americanos têm lutado com os problemas de uma educação de qualidade e ensino integrado. Para alguns, uma educação de qualidade não necessariamente significa freqüentar escolas com brancos. Desde tempos atrás, na época pós Guerra Civil, havia afro-americanos defensores das escolas separadas. Na assembléia constitucional da Carolina do Norte, um delegado afro-americano disse:

> Não acredito que é bom para nossas crianças comer e beber diariamente o sentimento de que são naturalmente inferiores aos brancos... Devo sempre fazer tudo o que posso para ter professores de cor para escolas de cor. Isto, é claro, necessitará de escolas separadas, onde for possível, não por lei escrita, mas por consenso mútuo e lei do interesse. (Lowe, 1988)

No entanto, nem todos os afro-americanos julgam que escolas separadas sejam a resposta. Em sua pesquisa, Irvine (1990) constatou que muitos afro-americanos acreditam que recursos e qualidade seguem os alunos brancos. Quando consideram as instalações físicas, materiais didáticos e outros recursos das escolas brancas de classe média e comparam com as escolas da zona central, os pais afro-americanos não podem contribuir, mas supõem que onde estão crianças brancas, há excelência educacional. Irvine verificou que pais afro-americanos da classe média, que voluntariamente enviaram seus filhos para escolas brancas de bairros pretendendo a não segregação, habitualmente comentam que essas escolas eram da maior qualidade porque tinham mais computadores. Do mesmo modo, W. E. B. Du Bois sentiu, inicialmente, que as escolas afro-americanas separadas tinham muito pouco a oferecer:

> A bem equipada escola Jim Crow é uma rara exceção. A maior parte de tais escolas tem sido dirigidas com recursos tristemente inadequados, ensinadas por professores ignorantes, instaladas em barracões ou depósitos, e a elas é dada tão pouca atenção e supervisão quanto as autoridades se atrevem a dar. (1929, p. 313-314)

Mas depois de testemunhar os persistentes maus-tratos aos estudantes afro-americanos em escolas nortistas não segregadas, Du Bois mudou a direção de seus esforços a fim de transformar as escolas afro-americanas separadas em escolas de qualidade que oferecessem educação igual, não educação integrada.

Certamente, ao nível do ensino superior, Fleming demonstrou que alunos afro-americanos que cursam faculdades e universidades historicamente negras (HBUCs[3]) têm índices de graduação significativamente mais altos que aqueles que freqüentam instituições predominantemente brancas (FLEMING, 1984). Além disso, a capacidade dos graduados para agir com sucesso tanto no local de trabalho como em escolas profissionais e de graduação predominantemente brancas não é decidida pelo fato de terem freqüentado escolas secundárias afro-americanas.

Sem dúvida, alguns argumentam que a integração escolar ocorreu a um custo considerável para os alunos afro-americanos. Ao investigar o desempenho de alunos afro-americanos em escolas não segregadas, os pesquisadores indicam que eles não se saem melhor que aqueles que freqüentam escolas segregadas.[4] Lomotey e Staley sugerem que os projetos de não segregação escolar são considerados bem-sucedidos quando pais brancos estão satisfeitos, a despeito do baixo desempenho acadêmico e das altas taxas de suspensão e evasão dos afro-americanos. Os números para afro-americanos do sexo masculino, em particular, são completamente perturbadores por causa de sua super-representação nos índices de suspensão e evasão.

Essa avaliação – de que o sucesso da não segregação é determinado pelo nível de satisfação da comunidade branca – é consistente com uma explicação ficcional (baseada em relatórios reais de não segregação escolar) na obra *And we are not saved: The elusive quest for racial justice*, do professor Derrick Bell (1987). Na sua discussão sobre o impacto das leis de não segregação racial, Bell argumenta que os reais beneficiários da não segregação escolar são as escolas, as comunidades brancas e os estudantes brancos. A não segregação freqüentemente traz grande quantidade de dólares para um distrito escolar, o que contribui para a instituição de novos programas, criação de novos empregos, fornecimento de transportes e apoio ao desenvolvimento da equipe. Cada uma dessas coisas significa mais pessoal e melhores salários. Quando alunos brancos são transportados em ônibus para escolas afro-americanas,

---

[3] A sigla HBUCs diz respeito a Historically Black Colleges and Universities. (N.T.).

[4] Ver, por exemplo, Bacon, M. "High-Potencial Students from Ravenswood Elementary School District (Follow-Up Study)", relatório inédito, para o Sequoia Union High School District, Redwood City, Calif., 1981; e Lomotey, K. e Staley, J. "The Education of African Americans in the Buffalo Public Schools: An Exploratory Study", trabalho apresentado ao encontro anual do American Educational Research Association, Boston, Mass. April 1990.

"dinheiro não segregado" é usado para transformá-las em escolas "magnéticas" – escolas que atraem alunos de distritos de toda parte porque oferecem programas exemplares em matemática, ciências, tecnologia, artes cênicas, e assim por diante. Infelizmente, essas escolas magnéticas algumas vezes funcionam sob um sistema em dois níveis, praticamente "ressegregando" alunos dentro das assim chamadas escolas não segregadas. Deste modo, os alunos brancos que vêm para as escolas se beneficiam dos programas especiais, enquanto os alunos afro-americanos permanecem nas classes de nível mais baixo.

Lomotey e Staley relatam vantagens adicionais na forma de programas extracurriculares livres – tais como cuidado depois do horário escolar, programas pré-escolares e acampamentos ou passeios para patinação no gelo – a fim de atrair alunos brancos para que freqüentem essas escolas em comunidades afro-americanas ou outras comunidades não brancas. Essas atividades extracurriculares são abertas para todos os alunos, mas a natureza dessas atrações especiais muitas vezes faz com que elas sejam de pouco interesse ou importância para alunos afro-americanos. Por exemplo, poucos alunos afro-americanos de baixa renda têm recursos ou equipamentos para se divertir acampando ou esquiando.

McParland (1969, p. 93-103) concluiu que apenas quando salas de aula individuais são não segregadas há nelas uma melhora no nível de rendimento de alunos afro-americanos. Isso sugere que a sala de aula em si, onde alunos ficam cara a cara com outros que são diferentes deles mesmos, é o lugar para real integração. Quando estão na mesma sala de aula, todos os alunos podem tirar vantagem dos benefícios e da qualificação instrucional que pode ter sido previamente reservada para os alunos das "camadas superiores" (ou seja, a classe média branca).

Escolas separadas ou ensino especial?

Como membro da geração onde houve um aumento da taxa de natalidade, freqüentei escolas urbanas que estavam abarrotadas de alunos; cada classe tinha pelo menos 30 alunos. Além disso, quase todas as crianças e a maior parte dos professores eram negros. Mas a coisa mais importante era que os professores não eram estranhos na comunidade. Nós, os alunos, os conhecíamos, e eles nos conheciam. Nós os víamos na igreja, no salão de beleza, na loja de mantimentos.

Um dos professores da sexta série serviu o exército com meu pai. Mais importante ainda: os professores conheciam nossas famílias e tinham uma idéia dos seus sonhos e aspirações para nós.

Suponhamos que as preocupações legais, morais e éticas sobre escolas especiais separadas pudessem ser suspensas ou harmonizadas com o ideal americano de igualdade. Suponhamos, além disso, que cada importante centro urbano com grande número de alunos afro-americanos decidisse criar escolas para essas crianças. Uma questão fundamental permaneceria. Quem ensinaria a essas crianças?

O alvoroço sobre escolas separadas mascarou o debate sobre a qualidade e as qualificações dos professores que lecionam aos alunos afro-americanos. Há muito pouca literatura confiável sobre a formação de professores para a diversidade (GRANT; SECADA, 1990, p. 403-422). E quase nada existe especificamente sobre a preparação de docentes para alunos afro-americanos (LADSON-BILLINGS, 1994).

Embora os anos 1960 tivessem produzido uma grande quantidade de publicações sobre o ensino aos "em desvantagem" (BLOOM *et al.*, 1965; HOLT; WINSTON, 1965; BEETLEHEIN, 1965; ORNSTEIN; VIRO, 1968; ORNSTEIN, 1971) e os anos 1970 produzissem um *corpus* de literatura sobre "escolas eficazes" (AUSTIN, 1979; BROOKOVER; LEZOTTE, 1979; EDMONDS, 1970), nenhuma delas era voltada especificamente à formação dos professores para fazerem frente às necessidades dos alunos afro-americanos. Mesmo hoje, algumas das mais populares inovações educacionais, tais como o estudo cooperativo e a abordagem da linguagem integral para o letramento, foram desenvolvidas e aperfeiçoadas para melhorar o desempenho entre alunos "em desvantagem". Infelizmente, a relação entre essas práticas e os estudantes afro-americanos raramente é tornada clara.

Elizabeth Cohen, uma socióloga da Universidade de Stanford, é uma das pioneiras na pesquisa do estudo cooperativo ou de pequenos grupos. Apesar de seu esforço para delinear as estruturas de tais salas de aula ter recebido aplausos da crítica por toda a comunidade escolar, a ligação com seu trabalho anterior – sobre facilitação da não segregação da escola no norte da Califórnia – raramente é reconhecida (COHEN; BENTON, 1988, p. 45-46).

Quando pesquisei os anos 1980 a 1990 no banco de dados ERIC, usando os descritores "formação de professores" e "educação de negros", apareceram meras vinte e sete referências (1994, p. 129-142).

Essas referências incluíam sete artigos de jornal, dez trabalhos de congressos, seis relatórios, um livro, e três manuais de professores. Nove, eram baseadas em pesquisa empírica. Nenhuma delas tratava especificamente da preparação de professores para ensinar alunos afro-americanos.

Um dos maiores obstáculos para se encontrar literatura dirigida às necessidades dos professores de alunos afro-americanos é a linguagem usada para descrever as tentativas das escolas públicas de educar afro-americanos. Como já foi dito, a literatura dos anos 1960 e 1970 é abundante de trabalhos sobre o ensino dos "culturalmente desprovidos (BLOOM *et al.*, 1965) e em desvantagem" (BEETLEHEIN, 1965; ORNSTEIN; VIRO, 1968, DOLL; HAWKINS, 1971; HYRAM, 1972). Mesmo quando o objetivo era melhorar a eficácia tanto do aluno quanto do professor, o uso daqueles termos contribuiu para uma percepção dos alunos afro-americanos como desprovidos, deficientes e depravados. Por causa disso, muitas propostas de intervenções educacionais foram projetadas para remover os estudantes de suas casas, comunidades e culturas, num esforço de mitigar seus supostos efeitos nocivos (MITCHELL, 1982, p. 27-44). As intervenções educacionais, na forma de educação compensatória (para compensar o desprovimento e a desvantagem, que se assume serem inerentes aos lares e comunidades afro-americanas), geralmente eram baseadas numa visão das crianças afro-americanas como crianças brancas deficientes.

Quando eu era criança, Johnny Cromwell era uma das crianças mais pobres na nossa vizinhança. Seus pais trabalhavam duro em vários empregos domésticos, mas parecia nunca haver dinheiro bastante para mantê-lo e às suas irmãs. Muitas vezes ele aparecia na escola despenteado e sem ter se lavado. Com a crueldade infantil, nós caçoávamos dele e o xingávamos. "Ei cabeça de ervilha. Como é que essas ervilhas nasceram na sua cabeça? Seu pai é fazendeiro? Ele vai ter uma colheita de ervilhas bem grande no começo de junho, só de colher na sua cabeça!" Embora essa provocação fosse muito mais um ritual de infância de afro-americanos, nossos professores tinham uma boa percepção de quando o insulto chegava muito próximo da verdade. Regularmente Johnny era levado para a sala dos professores, onde seu cabelo era escovado e suas roupas desgrenhadas tornadas mais apresentáveis. Nossos professores compreendiam a necessidade de preservar a pouca dignidade que ele ainda tinha como aluno.

Por volta dos anos 1980, a linguagem de desprovimento mudou, mas as conotações negativas permaneceram. De acordo com Cuban, agora é usado o termo *em risco* para descrever certos alunos e suas famílias, quase da mesma maneira como eles foram descritos por quase duzentos anos. Cuban também sugere que "as duas explicações mais populares para o baixo desempenho acadêmico de crianças *em risco* situam o problema nas próprias crianças e em suas famílias" (1989). Mesmo o Índex Educacional continua a fazer referências cruzadas de questões de alunos afro-americanos com a frase "culturalmente desprovidos".

Dada à longa história do sofrível desempenho acadêmico dos alunos afro-americanos, pode-se perguntar por que não existe quase nenhuma literatura para tratar de suas necessidades educacionais específicas. Um dos motivos é a obstinada recusa da educação americana em reconhecer afro-americanos como um grupo cultural distinto. Embora se reconheça que afro-americanos compõem um grupo *racial* distinto, o reconhecimento de que esse grupo racial tem uma *cultura* distinta ainda não é admitido. Presume-se que as crianças afro-americanas são exatamente como as crianças brancas, mas apenas precisam de um pouco de ajuda extra. As características culturais distintas (exigindo certa atenção específica), ou o impacto prejudicial do racismo sistêmico, são possibilidades raramente investigadas. Conseqüentemente, as razões para seu fracasso acadêmico continuam a ser vistas como inteiramente ambientais ou sociais. Pobreza e falta de oportunidade são sempre apresentadas como as únicas razões plausíveis para o desempenho sofrível. E os tipos de intervenções e soluções propostas tentam compensar essas deficiências.

"Quando você canta no coro da nossa escola, você canta como uma criança negra orgulhosa", bradava a voz da sra. Benn, minha professora da quinta série. "Vocês não sabem que Marian Anderson, uma culta mulher de cor, é a melhor contralto de todos os tempos? Vocês nunca ouviram Paul Robeson cantar? Isso pode deixar você sem fôlego. Nós não somos desajeitados e preguiçosos, gente. Somos trabalhadores, povo temente a Deus. Você não pode cantar nesse coro a não ser que queira levantar o bom nome de nosso povo".

Naquela época, nunca me ocorreu que os afro-americanos não fossem um povo especial. Minha formação, tanto em casa como na escola, reforçava essa idéia. Nós éramos um povo que sobrepujara desigualdades inacreditáveis. Sabia que, em oposição, éramos discriminados, mas testemunhei muita competência – e excelência – para acreditar que os afro-americanos não tinham atributos valiosos marcantes.

Hollins (1990) examinou cuidadosamente programas e estratégias que demonstraram um certo nível de eficiência com alunos afro-americanos. Seu exame sugere que esses programas se situam em três amplas categorias – aqueles destinados a remediar ou acelerar, sem levar em conta as necessidades sociais ou culturais dos alunos; aqueles destinados a ressocializar os alunos afro-americanos com vistas a comportamentos, valores e atitudes socialmente predominantes, ao mesmo tempo em que ensinam habilidades básicas; e aqueles destinados a facilitar o aprendizado do aluno pelo aproveitamento dos próprios antecedentes sociais e culturais dos alunos.

Situados na primeira categoria, estão programas como o Programa de Domínio do Aprendizado de Leitura, de Chicago (*Chicago Mastery Learning Reading Program*), no qual o foco está na correção ou aceleração de habilidades básicas (LEVINE; STARK, 1982, p. 41-46). Hollins sugere que tais programas, enquanto prestam muita atenção em ritmo, monitoração de instruções, e seqüência precisa de objetivos, ignoram as necessidades sociais ou culturais dos alunos.

O programa mundialmente divulgado, chamado "Currículo de Habilidades Sociais para Crianças do Centro da Cidade" (*A Social Skills Curriculum for Inner-City Children*), de New Haven, Connecticut, é um exemplo de programa que se encaixa na segunda categoria de Hollins (COMER, 1987, p. 13-16). Este programa representa uma tentativa explícita "de ressocializar jovens considerados fora das tendências predominantes na sociedade e inculcar neles percepções e comportamentos em voga" (HOLLINS, 1989, p. 15). A filosofia por trás de tais programas assemelha-se àquela dos modelos educacionais compensatórios dos anos 1960 e 1970, no sentido de que os problemas acadêmicos das crianças são vistos como sendo enraizados na "patologia" de seus lares, comunidades e culturas. Desse modo, se as crianças podem ser removidas ou isoladas de sua cultura de "desprovimento", então a escola pode transformá-las em pessoas dignas de inclusão na sociedade.

Os programas da terceira categoria tentam tirar partido das diferenças individuais, grupais e culturais dos alunos. Em vez de ignorar ou minimizar as diferenças culturais, esses programas as vêem como forças onde fundamentar a realização acadêmica. Cummins afirma que os alunos são menos aptos a falhar num ambiente escolar onde se sintam positivos em relação à sua própria cultura como à cultura da maioria, e "não são alienados dos seus próprios valores culturais" (1986, p. 18-36). O trabalho de Au e Jordan, no Havaí, é um exemplo do uso que os professores fazem da própria cultura dos alunos para melhorar seu desempenho de leitura (AU; JORDAN, 1981, p. 139-152). Hollins afirma que a Escola Preparatória do Leste, de Chicago, é um exemplo de programa que usa a cultura afro-americana para melhorar o desempenho acadêmico dos alunos (1982, p. 37-40).

Mesmo deixando de lado esses programas com agendas subjacentes para ressocializar alunos afro-americanos, há alguma evidência que sugere, de maneira mais geral, que quando alunos afro-americanos tentam ter êxito na escola, eles o fazem a um custo psíquico (FORDHAM; OGBU, 1986, p. 1-31; BACON, 1981; McLAREN, 1989). De qualquer maneira, muitos conseguem se nivelar a um desempenho exemplar na escola, com uma perda de sua identidade afro-americana; isto é, sair-se bem na escola é visto como "agir como branco". Portanto, se não querem "agir como brancos", muitos acreditam que a única opção é se recusar a ir bem na escola (KOHL, 1991). Deste modo, eles intencionalmente aprendem como não aprender. Em contrapartida, a oportunidade de ser academicamente, socialmente e culturalmente excelente fundamenta o pensamento de muitas escolas de imersão afro-americanas (HIRSHBERG, 1991; HOLLAND, 1987). Quando as escolas defendem sua cultura como parte integral da experiência escolar, os alunos podem compreender que a excelência acadêmica não é território exclusivo de alunos brancos de classe média. Tais sistemas também refutam o pensamento axiomático de que: se ir bem na escola equivale a "agir como branco", então ir mal equivale a "agir como negro".

Fui enviada para uma escola secundária integrada que não se localizava na minha vizinhança. Eu a descrevo como "integrada", em vez de "desintegrada" porque nenhuma ordem judicial colocava crianças negras lá. Estava lá porque minha mãe estava preocupada com a qualidade das escolas de nossa vizinhança.

Havia um punhado de alunos afro-americanos em minha classe da sétima série, mas eu não conhecia nenhum deles. Moravam numa vizinhança mais abastada que a minha. Seus pais tinham empregos estáveis em fábricas ou em escritórios. Haviam freqüentado escolas elementares melhor equipadas que as que eu freqüentei. Os alunos brancos eram ainda mais privilegiados. Seus pais tinham esplêndidos empregos como médicos, advogados – um deles era fotojornalista. A maioria de suas mães era dona de casa. Em contrapartida, minha mãe e meu pai trabalhavam em período integral. Meu pai muitas vezes até trabalhava em dois empregos, mesmo assim ainda vivíamos mais modestamente que a maioria dos meus colegas de classe.

Na sétima série aprendi o que significa ser competitivo. Na escola elementar, meus professores não pareciam dar tanta importância à minha realização acadêmica. Eles me encorajavam, mas não me exibiam como um exemplo que pudesse intimidar alunos mais lentos. Apesar de eu desconfiar que era beneficiária de um tipo de mobilidade patrocinada – talvez porque minha mãe sempre me mandou para escolas limpas e claras, e com meus cabelos penteados – eu não achava que esse tratamento preferencial fosse óbvio para os outros alunos. Mas em meu novo entorno a competição era muito óbvia. Muitos dos meus colegas brancos faziam questão de se vangloriar de suas habilidades acadêmicas. Além disso, seus pais efetivamente ajudavam nas importantes tarefas e projetos da classe. Por exemplo, um menino tinha uma caligrafia horrível. Você mal podia ler o que ele rabiscava na classe, mas sempre trazia a lição de casa impecavelmente datilografada. Uma vez lhe perguntei se ele mesmo as datilografava e ele me disse que era sua mãe quem datilografava tudo. Além disso, ela datilografava para seu primo, que também estava na nossa classe e tinha uma bonita caligrafia. Os professores muitas vezes comentavam a alta qualidade desses trabalhos datilografados.

Eu havia vindo de uma escola onde as crianças aprendiam e produziam juntas. Essa competitividade, também encorajada pelos pais, era nova para mim. Eu podia tentar prosseguir com essa competição injusta e "agir como branco" ou podia continuar a trabalhar o melhor possível e esperar que ainda pudesse ter sucesso.

Um estudo do ensino eficaz para afro-americanos

Este livro examina o ensino eficaz para alunos afro-americanos e de que maneira tal ensino tem ajudado os alunos não apenas a alcançar o sucesso acadêmico, mas a alcançar aquele sucesso preservando uma identidade positiva como afro-americanos. Diz respeito ao tipo de ensino que promove essa excelência, a despeito do pouco suporte administrativo ou de equipe. É sobre o tipo de ensino que a comunidade afro-americana tem identificado como aquele leva em consideração o que é mais vantajoso para suas crianças. É sobre o tipo de ensino que ajuda alunos a *optarem* por sucesso acadêmico.

Este livro é baseado em meu estudo sobre professores bem-sucedidos de alunos afro-americanos, que foi financiado com uma subvenção para pós-doutorado da *National Academy of Education's Spencer Foundation*, em 1988. Realizei essa pesquisa durante os anos escolares de 1988-1989 e 1989-1990, com um minucioso estudo adicional de duas classes, no ano escolar de 1990-1991. As opiniões expressadas nesta publicação não necessariamente refletem a posição, a política ou o endosso da *National Academy of Education* ou da *Spencer Foundation*.

Faço uma distinção entre *ensino excelente* e *excelentes professores,* propositadamente. Embora cada um dos professores que participou do meu estudo seja extraordinário individualmente, este livro examina uma ideologia de ensino e comportamentos comuns, e não estilos individuais de ensino. Por escolher esse caminho, perco algumas das distintas e ricas qualidades pessoais desses maravilhosos indivíduos. Entretanto, sacrifico a riqueza em favor de um foco na "arte e ofício de ensinar" (EISNER, 1982, p. 4-13). Esse foco é importante porque minimiza a tendência de reduzir as constatações da pesquisa a idiossincrasias individuais, e de sugerir uma explicação do tipo "culto à personalidade" para o ensino eficaz. A ação de olhar cuidadosamente para o ensino, embora oferecendo os professores como exemplos, proporciona uma heurística útil para professores e formadores de professores que desejem enfrentar o desafio de serem bem-sucedidos com alunos afro-americanos.

Este livro é sobre a prática pedagógica, não sobre currículo. Muitas das supostas reformas e o debate sobre nossas escolas focalizam em currículo: O que devemos ensinar? Qual versão da história deveríamos oferecer?

Qual prioridade deve ser a dada a diferentes assuntos? Mas é *a maneira como ensinamos* que afeta profundamente a maneira como os alunos percebem o conteúdo daquele currículo.

Minhas idéias nesse campo são fortemente alinhadas com os pensamentos de Giroux e Simon sobre pedagogia crítica:

> Pedagogia se refere a uma tentativa deliberada de influenciar como e qual conhecimento e identidades são produzidos dentro e por meio de conjuntos particulares de relações sociais. Pode ser compreendida como uma prática através da qual pessoas são estimuladas a adquirir um "caráter moral" específico. Enquanto atividade tanto política como prática, tenta influenciar a ocorrência e qualidades das experiências. Quando se pratica pedagogia, age-se com a intenção de criar experiências que organizarão e desorganizarão uma variedade de percepções de nosso mundo natural e social de determinada maneira... Pedagogia é um conceito que atrai a atenção para os processos através dos quais o conhecimento é produzido.
> (GIROUX; SIMON *in* MCLAREN; GIROUX, 1989, p. 236-252)

Por causa dessa visão pedagógica, entrei nas salas de aula com a intenção de examinar a ambas, "a política e a prática". Queria ver não apenas porque um certo tipo de ensino ajudava os alunos a serem mais bem-sucedidos academicamente, mas também como esse tipo de ensino auxiliava e encorajava os alunos a usarem seu conhecimento anterior para compreender o mundo e trabalhar para melhorá-lo.

No próximo capítulo, começo a examinar o conceito de ensino culturalmente relevante e como ele pode melhorar a vida educacional dos alunos afro-americanos. Como acontece com a maioria dos pesquisadores, espero que essa pesquisa encontre ampla aplicabilidade e seja considerada útil para o ensino a estudantes de qualquer raça ou etnia.

Cultura importa?

> Mas quando eles voltaram para sua própria terra, não foram através de Jerusalém... porque Deus os havia advertido em sonho para regressarem por outro caminho.
>
> (Mateus 2:12)

Ao primeiro olhar, a citação da Bíblia que abre este capítulo pode parecer fora de lugar. A passagem se refere a três homens sábios que foram instruídos pelo Rei Herodes para que fossem visitar o Messias e depois regressassem. Herodes, supostamente, queria saber o local onde estava o recém-nascido Jesus, assim ele também poderia ir vê-lo e adorá-lo. Mas os homens sábios foram advertidos em sonho para retornarem à sua terra por outro caminho, porque se Herodes soubesse o paradeiro de Jesus com certeza o mataria.

A analogia que estou fazendo aqui é que a formação pedagógica que muitos professores de estudantes afro-americanos receberam – de seus programas de formação de professores, de seus administradores, e do "pensamento convencional" – conduz a uma morte intelectual. Desse modo, professores bem-sucedidos, como os homens sábios da Bíblia, percorrem um caminho diferente para assegurar o crescimento e desenvolvimento de seus alunos.

Nos últimos dez anos tem aumentado o interesse em procurar formas de melhorar o desempenho acadêmico de estudantes que são culturalmente, etnicamente, racialmente e lingüisticamente diferentes. Mohatt e Erickson pesquisaram as interações nas salas de aula, especialmente as diferenças nas interações entre alunos americanos nativos e seus professores brancos americanos nativos (MOHATT; ERICKSON *in* TRUEBA; AU, 1981, p. 105-119). O estudo revelou que os professores que eram mais eficientes na comunicação com os alunos usavam um estilo interativo que os autores chamam de "culturalmente congruente". Essa idéia de congruência cultural pretende significar a maneira pela qual os professores modificam seus padrões de discurso, estilos de comunicação e estruturas de participação para que se afigurem mais perto daqueles da própria cultura dos alunos.

Au e Jordan usam o termo "apropriação cultural" para descrever os métodos que os professores usaram para trabalhar com alunos havaianos nativos para melhorar seu desempenho na leitura (AU; JORDAN *in* TRUEBA *et al.*, 1981, p. 139-152). Antes de ensiná-los a ler usando método fônico, os professores organizavam os alunos em pequenos grupos e enfatizavam a compreensão da leitura preferencialmente à decifração da palavra. Os alunos eram encorajados a discutir o que liam em um estilo similar ao modo como se comunicavam em casa: um estilo interativo sobreposto (que, em algumas culturas, podia ser visto como interruptivo) que se assemelhava àquilo que na cultura havaiana nativa é conhecido como "contar história".

Outros estudos têm examinado "responsividade cultural" (CAZDEN; LEGGET *in* TRUEBA *et al.*, 1981, p. 69-86; ERICKSON; MOHATT, 1982, p. 131-174) e "compatibilidade cultural". Do mesmo modo que a noção de apropriação cultural, esses termos são encontrados em um léxico sociolingüístico usado para analisar as maneiras pelas quais as escolas podem se tornar mais acessíveis para alunos culturalmente diferentes. Mas em um desafio para a perspectiva sociolingüística, Villegas lembra que as dificuldades que os estudantes de cor experimentam na escola são, de longe, mais complexas que "as diferenças entre a linguagem e cultura de casa e da escola" (1988, p. 253-265). Villegas sustenta que o fracasso escolar de estudantes culturalmente diferentes resulta de conflito social e luta pelo poder. Esta visão é consistente com o trabalho de críticos teóricos como Giroux (1983) e McLaren (1989).

Não obstante, embora alguns acadêmicos afro-americanos tenham demonstrado que estão de acordo com os críticos teóricos no que diz respeito às escolas enquanto campo de batalha na luta pelo poder e exercício da autoridade, o fracasso desses teóricos para investigar adequadamente o peculiar papel, histórico, social, econômico e político, que a raça desempenha nos Estados Unidos, torna seu argumento imperfeito para a melhora da vida educacional dos afro-americanos (ASANTE, 1987; KING; MITCHELL, 1991).

Ultimamente, os acadêmicos afro-americanos começaram a examinar determinadas forças culturais de estudantes afro-americanos e a forma como alguns professores promovem efetivamente essas forças para aumentar o desempenho acadêmico e social. Acadêmicos como Hale-Benson (1986) e Taylor e Dorsey-Gaines (1988) identificaram forças culturais que as crianças afro-americanas trazem consigo para as salas de aula, que raramente são aproveitadas pelos professores. Por exemplo, mesmo acadêmicos brancos que examinaram cuidadosamente comunidades de linguagem, afirmam que as escolas dão pouco valor ao que é denominado "inglês fora do padrão", que as crianças afro-americanas trazem para a escola, mesmo que essa língua seja rica, distinta e útil tanto no ambiente da comunidade como no do trabalho (HEATH, 1983; GEE, 1989, p. 5-25).

Irvine sugeriu que o que acontece entre os estudantes afro-americanos e seus professores representa uma falta de "sincronização cultural" (IRVINE, 1990). Vai mais além e insinua que essa falta de sincronização cultural e "responsividade" se refere a outros fatores que inibem o desempenho escolar dos alunos afro-americanos, incluindo as "ideologias prescritivas e as estruturas prescritivas que têm por premissa sistemas de crenças normativos" (IRVINE, 1989, p. 4).

A noção de relevância cultural

A noção de "relevância cultural" vai além da língua, para incluir outros aspectos da cultura do aluno e da escola (LADSON-BILLINGS, 1990a, p. 335-344). Desse modo, o ensino culturalmente relevante usa a cultura do aluno para preservá-la e transcender os efeitos negativos da cultura dominante. Os efeitos negativos são causados, por exemplo, por não se perceber a história, cultura ou antecedentes descritos nos livros didáticos ou currículos, ou por se enxergar aquela história, cultura e antecedentes de maneira distorcida. Ou podem resultar do padrão de alocação da equipe na escola (por exemplo, quando todos os professores e o diretor são brancos e somente os porteiros são afro-americanos) ou da designação de alunos afro-americanos para as classes de nível mais baixo. O objetivo principal do ensino culturalmente relevante é ajudar no desenvolvimento de uma "personalidade negra relevante" que permita aos alunos afro-americanos optar pela excelência acadêmica e ainda assim se identificar com a cultura africana e afro-americana (KING *in* FOSTER, 1991, p. 245-271).

Especificamente, o ensino culturalmente relevante é uma pedagogia que capacita os alunos intelectualmente, socialmente, emocionalmente e politicamente, pelo uso de referentes culturais para transmitir conhecimento, habilidades e atitudes. Esses referentes culturais não são meramente veículos de ligação ou explicação da cultura dominante; são aspectos do currículo por direito próprio. Por exemplo, examinemos como uma professora da quinta série poderia usar um estilo culturalmente relevante numa aula sobre a Constituição Americana. Ela poderia começar com uma discussão dos estatutos e artigos de incorporação que foram usados para organizar uma igreja local ou uma associação cívica afro-americana. Dessa maneira, os alunos aprendem a importância de tais documentos para a criação de instituições e configuração de idéias, enquanto aprendem também que seu próprio povo é construtor de instituições. Esse tipo de movimento entre as duas culturas assenta os fundamentos para uma habilidade de que os alunos irão precisar a fim de alcançar sucesso acadêmico e cultural.

Como os professores vêem os estudantes afro-americanos

Na quinta série encontrei a professora que julgo ser a mais responsável por minha convicção de que alguns professores realmente motivam os alunos a serem de fato os melhores. Era a sra. Benn. No início, eu não a queria como minha professora. Era uma mulher afro-americana e era velha: no final dos 50 anos. Ela também era atarracada e tinha peitos grandes. Usava vestidos floridos e os sapatos pretos que chamávamos de "confortadores de velhinhas"; pereciam-se com sapatos ortopédicos. Nas suas pernas, usava meias elásticas de algodão. Seu cabelo ralo era puxado para trás em um coque, com uma fina rede de cabelo em volta dele. Usava o que a futura moda chamaria de óculos da vovó, mas eles não estavam na moda naquela época. A outra professora da quinta série era a jovem, branca, vibrante senhorita Plunkett. A srta. Plunkett tinha longos cabelos castanhos que prendia num rabo de cavalo que balançava atraentemente quando ela caminhava. Ela sorria muito; quase se parecia com um protótipo da boneca Barbie. Aparentava ser uma professora infinitamente mais atraente que a velha sra. Benn.

Mas precisei de pouco tempo para descobrir que eu estava errada a respeito da sra. Benn. Casada com um pastor batista, encarava seu magistério com um zelo semelhante ao de um missionário. Não havia nenhum aspecto no trabalho com crianças que parecesse enfadonho ou rotineiro para a sra. Benn. Era liberal diante de um erro. Quando eu, relutantemente, lhe pedi que comprasse meus biscoitos de escoteira, ela lamentou o fato de que tivesse esperado tanto para pedir. Disse-me que já havia comprado os biscoitos de outra aluna, então só poderia comprar alguns poucos de mim. Ela comprou onze caixas!

A sra. Benn dirigia o coro da escola e esperava que todos os alunos de sua classe participassem dele. Não importava quão mal você cantasse – como aluno da sra. Benn, você cantava no coro. Ela levava o coro por toda a cidade, nos exibia nas igrejas onde seu marido era o orador convidado.

A sra. Benn também nos levava para sua casa e incutiu em nós o senso de responsabilidade ao exigir que levássemos para casa as plantas da sala de aula, durante os fins de semana ou feriados prolongados. Esperava que aquelas plantas voltassem vicejantes – e elas voltavam. Era uma mulher orgulhosa que exigia excelência em cada tarefa de que nos incumbíamos. Devíamos escrever com uma caligrafia precisa e ortografia perfeita. Ela lecionava todas as matérias – da leitura à educação física – e nos advertia de que não levar a sério suas aulas significava que não dávamos valor a nós mesmos. "Esta é sua chance, não deixe que ela escape", exortava.

Não consigo lembrar da sra. Benn alguma vez mandar um aluno para a sala do diretor. Se você se comportava mal na aula dela, tinha que se sentar no espaço apertado debaixo de sua escrivaninha – então ela se sentava à mesa e puxava sua cadeira para tapar a abertura. Eu nunca tive o desprazer de sentar naquela abertura, mas era capaz de imaginar a horrível experiência: nada para ver, a não ser os três lados da escrivaninha de madeira e as pesadas e velhas pernas, calçadas em meias de algodão, de uma mulher que poderia facilmente ser sua avó.

O mais importante para mim foi que a sra. Benn abriu o mundo da história dos Estados Unidos. Contou histórias gloriosas de exploração e invenção. Era uma grande contadora de histórias e, ao contrário de qualquer professora que eu tenha conhecido antes, fazia questão de nos contar de que maneira o negro contribuiu para essa história.

Imagine-se numa classe de jardim da infância. A professora, uma idosa senhora branca, está tentando conduzir um debate com um grupo muito ativo de crianças de cinco e seis anos que estão agrupadas em um quadrado de carpete, num dos cantos da sala. Enquanto a professora tenta discutir a história que leu para elas, várias crianças conversam com seus colegas do lado, pulam de suas cadeiras e se dirigem para diferentes lugares da sala. Nenhum aluno, ou grupo de alunos, em particular, está participando mais do que outros desse tipo de comportamento. No entanto, durante um período de trinta minutos, as únicas crianças que são repreendidas verbalmente por seu comportamento são três crianças afro-americanas. Nunca é chamada a atenção das crianças ásio-americanas que apresentam comportamentos idênticos. O que está acontecendo nesta sala de aula?

Imagine outra situação. Uma ansiosa professora estagiária de uma universidade local está numa reunião de apresentação com seu professor supervisor. A reunião acontece na sala dos professores, onde outros docentes da escola são capazes de ouvir tudo que é dito. Num determinado ponto da discussão, o supervisor, que é considerado um dos mais gentis da região, diz à estagiária que ela terá que ser especialmente cuidadosa para reconhecer que há dois tipos de estudantes negros na escola. Observa que há "negros-brancos" e "negros-pretos". Com os "negros-brancos" é fácil de lidar, porque eles vêm de "bons" lares e têm valores "brancos". Mas os "negros-pretos" são menos capazes academicamente e têm problemas de comportamento. Enquanto escuta, a estagiária fica chocada com o que seu orientador está dizendo, mas fica mais chocada ainda porque nenhum dos outros professores presentes parece achar incomum o que está sendo dito. O que está acontecendo aqui?

Imagine uma última situação. Uma professora estagiária que foi voluntária para participar de um grupo especial de professores estagiários interessados em lecionar em ambientes diversos, está falando no seminário de prática pedagógica supervisionada. Ela fala ao grupo sobre seus métodos disciplinares inconsistentes. Quando as crianças brancas de sua classe se comportam mal, ela os repreende rigorosamente porque acredita que eles conhecem as regras e sabem o que deveriam fazer. No entanto, quando os sete alunos afro-americanos se comportam mal, ela dá a eles outra chance. Nas suas próprias palavras, ela permite que eles "escapem ilesos do crime" porque sente pena deles e quer que saibam que ela se "importa" com eles. O que está acontecendo com essa professora?

Cada uma dessas histórias "imaginárias", na realidade, é verdade (LADSON-BILLINGS, 1990). As respostas às perguntas colocadas no fim de cada uma são muito importantes porque elas explicam como os professores, freqüentemente, vêem os alunos afro-americanos. Esses não são "maus" professores. Essas mesmas pessoas condenam o racismo; acreditam em oportunidades iguais. Entretanto, não compreendem que sua percepção dos alunos afro-americanos interfere na sua capacidade de ser professores eficazes para eles.

A importância das expectativas do professor sobre o desempenho do aluno tem sido investigada em muitos estudos (CRANO; MELLON, 1978, p. 39-44; COOPER, 1979, p. 389-410; SMITH, 1980, p. 53-55). Winfield afirmou que as opiniões dos professores sobre os alunos da zona central da cidade podem ser classificadas em quatro dimensões: buscar o aperfeiçoamento versus fazer a manutenção e assumir responsabilidade versus transferir responsabilidade (ver Figura 2.1) (WINFIELD, 1986, p. 253-267). O sistema de classificação cruzada de Winfield produz quatro possíveis padrões de comportamento do professor – eles podem ser tutores, empreiteiros, guardas ou agentes de encaminhamento. *Tutores* acreditam que os alunos podem melhorar e que é sua responsabilidade ajudá-los a fazer isso. *Empreiteiros* também acreditam que o aprimoramento é possível, mas procuram subordinados (auxiliares, professores substitutos, etc.) para darem assistência acadêmica, em vez de eles mesmos assumirem a responsabilidade. *Zeladores* não acreditam que muito possa ser feito para ajudar seus alunos, mas não procuram outros para ajudá-los a manter os alunos nesses níveis baixos. *Agentes de encaminhamento* também não acreditam que possa ser feita muita coisa para ajudar seus alunos a melhorar, mas transferem a responsabilidade [de manter os alunos nesses níveis baixos] para outros funcionários escola, enviando os alunos para o psicólogo da escola ou para o professor de educação especial. Uma perspectiva sobre essas baixas expectativas e crenças negativas em relação a alunos afro-americanos decorre da tendência predominante na sociedade de invalidar a cultura afro-americana (LADSON-BILLINGS, 1990b). Essa invalidação da cultura afro-americana é combinada com uma idéia de ensino

Figura 2.1 – Comportamentos para com alunos academicamente em risco

	Assumem Responsabilidade	Transferem Responsabilidade
Buscam Aperfeiçoamento	(1) Tutores	(2) Empreiteiros
Mantêm o *Status Quo*	(3) Zeladores	(4) Agentes de encaminhamento

Crenças sobre Alunos Academicamente em Risco

Fonte: Reimpresso com permissão de L. Winfield, "Teacher Beliefs Toward Academically At-Risk Students in Inner Urban Schools", *The Urban Review*, 1986, 18(4), p. 253-267.

assimilacionista, um estilo de ensino que funciona sem considerar as características culturais específicas dos alunos. De acordo com a perspectiva assimilacionista, o papel do professor é assegurar que os alunos se ajustem à sociedade. E se o professor tem baixas expectativas, o lugar onde o professor acredita que os alunos devem "se encaixar" está nos patamares mais baixos da sociedade.

Se voltarmos para as situações de sala de aula descritas anteriormente, podemos analisar os efeitos das expectativas dos professores e das perspectivas assimilacionistas. Na primeira situação, a professora do jardim da infância interiorizou a idéia de que alunos afro-americanos devem ser controlados para serem ensinados. Porque espera que os alunos afro-americanos sejam mais difíceis de controlar, age mais duramente para controlá-los. Quando os alunos ásio-americanos apresentam os mesmos comportamentos, ela os ignora. A professora está se engajando nos comportamentos do ensino assimilacionista porque desenvolveu categorias sociais em sua mente, onde os alunos se encaixam. Sua atitude para com os alunos não apenas lhes mostra o que ela pensa sobre eles, mas também mostra a todos os alunos da classe o que eles deveriam pensar sobre si mesmos.

Na segunda situação, a professora fez uma distinção entre dois grupos de alunos afro-americanos baseada na classe social. Está claro que ela não respeita os alunos de nenhuma das classes. O desprezo dos alunos de classe baixa é óbvio, mas sua percepção de "bondade" nos alunos afro-americanos de classe média é meramente amarrada à sua visão do quanto os comportamentos e maneirismos desses alunos se aproximam do que ela considera como atributos brancos. Conseqüentemente, suas expectativas para todas as crianças são baseadas em idéias racistas e, além disso, essas idéias não são contestadas por seus colegas.

Na terceira situação a professora, que em um primeiro momento, parece estar agindo de maneira exatamente oposta à primeira, também demonstra baixas expectativas em relação aos alunos afro-americanos. Ela não exige excelência dos mesmos porque acredita que são incapazes de encontrar padrões de comportamento rigorosos, então sua reação é simpatia. Não pensa muito em como suas baixas expectativas impedem o progresso dos alunos.

O ensino culturalmente relevante é a antítese do ensino assimilacionista representado em todos esses exemplos. O ensino culturalmente relevante pode ser descrito por outra versão da conceituação de Winfield. Em vez de visar uma melhora modesta ou manutenção, o ensino culturalmente relevante visa outro nível – excelência – e transforma a transferência de responsabilidade em *divisão* de responsabilidade (ver Figura 2.2). Como lutam por excelência, tais professores atuam como *maestros*

Figura 2.2 – Comportamentos para com alunos academicamente e culturalmente em risco

Crenças sobre Alunos em Risco		Assumem Responsabilidade	Dividem/Transferem Responsabilidade
	Buscam Excelência	(1) Maestros	(2) Treinadores
	Buscam Aperfeiçoamento	(3) Tutores	(4) Empreiteiros
	Mantêm o *Status Quo*	(5) Zeladores	(6) Agentes de encaminhamento

ou *treinadores*. Os *maestros* acreditam que os alunos são capazes de excelência e assumem a responsabilidade de assegurar que aqueles alunos alcancem aquela excelência. Se forçarmos a metáfora, podemos visualizar um maestro que se aproxima do estrado da orquestra; todos os membros da orquestra têm os olhos fixos no maestro. Nada acontece sem a direção do maestro. A personalidade do maestro pode ser tão poderosa que o público e os críticos musicais descrevem a qualidade da execução em função do desempenho do maestro, mesmo que este não toque uma única nota.

Dois dos professores que participaram de meu estudo podem ser descritos como maestros. Seu carisma pessoal e senso dramático eram catalisadores que ajudavam a impulsionar os alunos para a excelência acadêmica. Muito parecidos com os famosos Marva Collins e Jaime Escalante, de Los Angeles, esses professores exaltam qualidades pessoais especiais sobre as quais assentam suas habilidades pedagógicas. Na minha universidade também tive sorte o bastante de ter esse tipo de professor:

"Não assista ao curso de humanidades da Dra. Jones", recomendavam vários alunos da minha universidade historicamente negra. "Ela vai matar você de trabalhar, e mais, ela é louca!" Mas incapaz de encontrar outra turma de humanidades que se encaixasse em meu horário, me vi na temível classe da Dra. Jones. E meus colegas estavam certos. Ela era exigente – havia pilhas de leitura e testes toda semana. E ela era louca! Vestia-se de preto dos pés à cabeça. Sua maquiagem parecia ter sido aplicada pelo Conde Drácula. Parecia ser capaz de atravessar você com seus olhos escuros arredondados. E cada aula era um espetáculo. Contudo, uma vez superado meu medo dessa mulher, percebi que me sentava com os olhos pregados nela. Nunca perdi tempo em conversinhas com os outros alunos durante sua aula. E nunca perdi uma aula. Não posso me lembrar de haver aprendido tanto com uma pessoa. Ela parecia saber tudo. E todos na classe pareciam fascinados – até mesmo o jogador de futebol que se sentava à minha esquerda tomando notas furiosamente. Ao fim de cada hora todos nós nos olhávamos e dizíamos: "Uau!"

Como os maestros, os treinadores também acreditam que seus alunos são capazes de excelência, porém estão confortáveis dividindo a responsabilidade de ajudar os alunos a alcançá-la, com os pais, os membros da comunidade e os próprios alunos. A maioria dos professores que participou do meu estudo pode ser descrita como treinadores. Novamente aqui, a elaboração da metáfora do treinador é útil para explicar como eles funcionam na sala de aula.

Treinadores entendem que a meta é o sucesso do time. Sabem que não precisam obter reconhecimento pessoal para alcançar sucesso. No entanto, eles realmente precisam de um senso de como combinar os talentos dos jogadores para formar um time vencedor. Treinadores estão confortáveis atuando nos bastidores e nas laterais. Os jogadores estão sempre atentos às expectativas do treinador, mas sabem que mesmo o melhor plano de jogo falhará se não for executado adequadamente. Os jogadores entendem que trabalham junto com o treinador para alcançar a meta.

Minha professora da sexta série era uma treinadora. Podia gritar, berrar, bajular e implicar com os melhores deles. Mas sabíamos que a pressão constante era em nosso benefício. "Você sabe que pode fazer melhor", era sua frase favorita. Ríamos dela por repetir isso tantas vezes. No pátio do recreio e em nossas vizinhanças, provocaríamos uns aos outros quando não fôssemos bem-sucedidos no beisebol de rua ou pulando corda em duplas. "Você sabe que pode fazer melhor", iríamos cantar e rapidamente cair em risadas. Engraçado, o som de sua voz repetindo aquela frase me perseguiu enquanto aluna da escola secundária, enquanto aluna de graduação, e enquanto professora universitária: "Você sabe que pode fazer melhor!".

Os professores que aplicam métodos culturalmente relevantes podem ser identificados pela maneira como vêem a si mesmos e aos outros. Vêem seu magistério como uma arte e não como uma habilidade técnica. De preferência, acreditam que todos os seus alunos podem ter sucesso, e não que a falência é inevitável para alguns. Consideram-se parte da comunidade e o magistério é visto como uma maneira de dar de volta à comunidade. Ajudam os alunos a estabelecerem conexões entre suas identidades locais, nacionais, raciais, culturais e globais. Tais professores também podem ser reconhecidos pela maneira como estruturam suas interações sociais. Suas relações com os alunos são espontâneas e eqüitativas, e vão além da sala de aula. Demonstram uma conectividade com todos os seus alunos e incentivam essa mesma conectividade entre os próprios alunos. Incentivam a comunidade de estudantes; incentivam seus alunos a estudar cooperativamente. Finalmente, tais professores são reconhecidos por suas idéias sobre o conhecimento. Acreditam que o conhecimento é continuamente recriado, reciclado e compartilhado igualmente por professores e alunos. Observam o conteúdo do currículo criticamente e são entusiasmados por isso. Em vez de esperarem que os alunos demonstrem conhecimento e habilidades prévias, ajudam-nos a desenvolver esse conhecimento, construindo pontes e andaimes para o aprendizado.

Nos capítulos subseqüentes deste livro, essas qualidades – como tais professores vêem a si mesmos e aos outros, como estruturam suas interações sociais, e como compreendem o conhecimento – serão exploradas em profundidade através de exemplos de comportamentos de magistério que as caracterizam. Esses comportamentos são examinados dentro de um contexto, por essa razão eles se cruzam e se sobrepõem. Uso essas categorias ou dimensões como rubricas conceituais para simplificar convicções e procedimentos pedagógicos complexos.

Essas investigações tomam a forma de casos pedagógicos. Shulman (1986, p. 4-14) ressalta que um caso não é meramente uma descrição narrativa de um evento. É um exemplo de uma classe mais ampla de eventos (por exemplo, um caso de direção de sala de aula, um caso de instrução de leitura). Neste livro, em vez de detalhar como cada professor individualmente exemplifica uma característica específica, uso relatos variados para ilustrar práticas pedagógicas culturalmente relevantes. Desse modo, em vez de oferecer simples conselhos, tento fornecer exemplos de ensino culturalmente relevante em contextos específicos. Adotei essa abordagem porque creio em uma definição ampla de pedagogia; em outras palavras, mesmo quando os professores executam ações aparentemente não educacionais, tais como sorrir para um aluno ou mostrar desaprovação a um aluno, estão engajados na pedagogia.

Este livro tenta olhar a pedagogia holisticamente e demonstrar que o ensino culturalmente relevante não é uma seqüência de passos que o professor pode seguir, ou uma receita para ser eficaz com estudantes afro-americanos. Como pesquisadora, apesar de fornecer explicações e deduções, reconheço que professores e outros leitores trazem suas próprias perspectivas para este texto. Por essa razão, antecipo que irão sugerir outras interpretações e explanações, em virtude de suas próprias situações e contextos pedagógicos.

Perfil do grupo de professores que participaram do estudo

Lembro-me de todos os professores que tive. Digo isso não para me vangloriar da minha memória, mas para ilustrar, exatamente, quão intensamente eles me influenciaram. Conhecia alguns deles bastante bem, especialmente os da escola elementar, por causa do intenso relacionamento entre professores e alunos da escola elementar em suas salas de aula independentes, e porque moravam em minha comunidade e faziam parte da minha vida fora da sala de aula. Outros eu conhecia apenas como professores. Não fazia idéia de como eram suas vidas fora da escola ou mesmo se tinham vidas fora da escola. A história dos que conheci bem, poderia ser, em si, tema para um livro. A lembrança dos outros provoca em mim uma série de perguntas. Quem você era realmente? Pelo que você se interessava? O que você pensava de mim? Será que você sabia quem eu era?

Embora no restante do livro eu vá examinar exemplos específicos de ensino culturalmente relevante, convém, aqui, traçar resumidamente um perfil do grupo de indivíduos que estudei. Esse foi um estudo etnográfico em pequena escala, que incluiu apenas oito professores.

Ao contrário dos estudos mais tradicionais, meu estudo não usou as assim chamadas medidas objetivas para identificar a proficiência do professor. Portanto, os resultados dos testes padronizados dos alunos, isoladamente, não foram considerados como um indicador de "bom ensino". Em vez disso, abordei os "consumidores" educacionais – os pais. Foram solicitados a dar sua visão sobre "bom ensino". Em essência, pedi a eles que identificassem os professores que satisfaziam os padrões educacionais que consideravam importantes. Esses pais mostraram que tinham uma agenda dupla para aqueles que consideravam bons professores. Queriam que esses professores ajudassem seus filhos a ter sucesso em tarefas acadêmicas tradicionais (leitura, escrita, matemática e assim por diante), mas, ao mesmo tempo, queriam que proporcionassem a seus filhos uma educação que não os alienasse de suas casas, de sua comunidade e de sua cultura. Um pai verbalizou isso querendo que seus filhos fossem capazes de "ser suficientemente competentes na sala de aula sem esquecer dos seus na comunidade" (1990a). Usando o duplo objetivo para ambas, a excelência acadêmica e a cultural, os pais produziram uma lista de mais de vinte professores que consideravam haver passado no teste.

Em segundo lugar, me encontrei com diretores de várias escolas para ver se podiam sugerir professores que achavam ter demonstrado eficiência com estudantes afro-americanos. Os diretores identificaram o que talvez pareça ser um critério mais convencional para julgar professores eficazes. Citaram resultados de testes, manejo da sala de aula, disciplina dos alunos, e presença e satisfação dos alunos. Também produziram uma lista de mais de vinte candidatos potenciais.

A amostra que usei incluía professores que apreciam tanto na lista dos pais, como na dos diretores. Havia um total de nove professores; todos, menos um, concordaram em participar deste estudo.

Num artigo anterior, caracterizei minha descrição desses oito professores como um "flash" (1990c). Achei que essa era uma metáfora apropriada porque descreve um breve, cândido vislumbre. Ao contrário de "fotografias", onde o objeto é posicionado para aparecer sob a melhor luz e onde elementos que são menos que perfeitos são retocados, meus flashes "são brutos e inacabados" – pequenas fatias das vidas dos professores em momentos específicos (LIGHFOOT, 1983). Eis uma visão geral instantânea.

Cinco professores afro-americanos e três professores brancos foram incluídos nesse estudo. Todas mulheres, sua experiência de magistério alcançava de doze a quarenta anos. Haviam lecionado numa variedade de escolas que incluía escolas rurais brancas e afro-americanas, escolas suburbanas brancas, escolas suburbanas integradas, e escolas particulares e públicas urbanas afro-americanas. Três haviam freqüentado faculdades historicamente negras; três, faculdades estaduais predominantemente brancas. Uma havia freqüentado uma faculdade católica predominantemente branca; e uma cursara uma escola normal.

Para os propósitos deste estudo, atribuí a cada professora uma "cultura de referência". Esse termo se refere ao grupo cultural (incluindo características étnicas e raciais) com o qual a professora se identifica mais de perto. Quem eram seus amigos dentro e fora da escola? De que tipos de atividades sociais ela participava e quais vizinhanças e comunidades freqüentava?

Todas as professoras afro-americanas têm uma cultura de referência afro-americana. Seus amigos e companheiros fora da escola eram predominantemente afro-americanos. Aquelas que eram membros de alguma igreja, freqüentavam igrejas afro-americanas. As que eram membros de organizações sociais reconhecidas (tais como clubes ou clubes para moças) pertenciam a grupos afro-americanos. Três delas moravam em comunidades do distrito escolar predominantemente afro-americanas, latinas, e das ilhas do Pacífico. Das professoras brancas, uma tinha uma cultura de referência branca. Vivia numa comunidade branca e tinha poucos contatos afro-americanos fora da escola. Outra tinha o que pode ser chamado de orientação bicultural. Tinha um número relativamente igual de amigos brancos e afro-americanos e muitas vezes recebia amigos para reuniões sociais que incluíam ambos os grupos. Entre seus amigos mais íntimos, listou ambos, afro-americanos e brancos. Depois de uma tragédia familiar, decidiu ficar com um afro-americano que era um velho amigo e companheiro de viagem durante o período de luto. Curiosamente, a terceira professora branca teve uma cultura de referência afro-americana. Seus amigos e contatos sociais fora da escola eram quase exclusivamente afro-americanos. Era fluente em dialeto africano e algumas vezes era confundida com uma afro-americana quando falava ao telefone. Havia morado na comunidade local sua vida toda. Ela e uma das professoras afro-americanas estudaram juntas na escola daquele distrito.

Nos capítulos seguintes vou apresentar cada professora individualmente, uma vez que tento explicar aspectos de sua pedagogia e suas idéias sobre o magistério. Para manter a privacidade e o anonimato, uso pseudônimos em vez dos verdadeiros nomes das professoras.

Devido à minuciosa natureza do estudo e aos três anos que passei com essas professoras, este livro reflete mais do que um conhecimento superficial das mesmas e de sua pedagogia. Todavia, uma vez mais, enfatizo minha esperança de que, ao recontar suas histórias coletivas, ilustramos o ensino culturalmente relevante dessas professoras, e não suas idiossincrasias pessoais. Mais do que mostrar quanto são diferentes como pessoas, pretendo reunir os pontos em comum na sua filosofia, pedagogia e compromisso pessoal.

Vendo a cor, vendo a cultura

> Eu tenho um sonho de que meus quatro filhos um dia viverão em um país onde não serão julgados pela cor de sua pele mas pelo seu caráter.
>
> (Martin Luther King Jr., 28 de agosto de 1963)

Na segunda série, meus colegas de classe e eu, líamos todos o mesmo livro básico de leitura, Dick and Jane. Fui castigada mais de uma vez por ler a mais. Mas durante aquele ano também fui escolhida para freqüentar uma aula especial de leitura. Ao contrário das aulas de recuperação de leitura de hoje em dia, aquela aula era reservada para os leitores adiantados. Éramos um seleto grupo de mais ou menos cinco ou seis alunos e íamos para a aula de leitura todo dia, por cerca de trinta a quarenta minutos. Lá nós líamos livros "de verdade", não livros básicos de leitura escolar, sobre lugares distantes e pessoas interessantes.

Nossa professora era a sra. Gray, uma mulher afro-americana alta e elegante, que parecia amar as crianças e a idéia de que podia expô-las a novas experiências. Um sábado, pouco antes do feriado de Natal, a sra. Gray levou a classe, de metrô, ao centro da cidade, para ver as fontes dançantes e a vitrine da John Wanamakers, marco das lojas de departamento da Filadélfia. Eu havia estado na Wanamaker's muitas vezes, para fazer compras com minha mãe, mas esta foi a primeira vez que me lembrava de ter sido levada com o claro propósito de me divertir. "Agora, lembrem-se", a sra. Gray advertiu, "quando chegarmos ao centro da cidade, as pessoas vão olhar para nós. Se vocês se comportam mal, elas não vão dizer, vejam aquelas crianças desagradáveis. Elas vão dizer vejam aquelas crianças de cor desagradáveis!" Ela não precisou nos dizer duas vezes. Sabíamos que estávamos sendo incluídas num padrão mais alto que outras pessoas. Sabíamos que as pessoas iriam nos encarar e que o encarar viria por causa da cor de nossa pele. A despeito da "carga da negrice", foi uma visita mágica. Me senti especial. Me senti importante. Me senti inteligente!

Os fundamentos do ensino culturalmente relevante

Neste capítulo, discuto de que maneira as professoras do meu estudo vêem a si próprias, seus alunos e os pais de seus alunos. Com cada breve descrição pretendo introduzir as professoras individualmente e compartilhar informações sobre elas – por meio de comentários de entrevista e observações das salas de aula – que ilustram suas práticas culturalmente relevantes. Em vez de tentar mostrar como todas as professoras demonstram o ensino culturalmente relevante em todos os seus aspectos, selecionei exemplos que acredito serem mais ilustrativos de cada aspecto.

Primeiro, comecemos com um rápido exame dos muitos professores que relutam em reconhecer diferenças raciais ou a luta com estas e outras diferenças na sala de aula.

Em seu livro *White Teacher* (1979), Paley lembra que os professores devem tomar cuidado para não ignorar a cor. Quando ela se mudou para uma escola integrada particular, uma mãe afro-americana a confrontou com o "conhecimento" de que seus filhos eram negros e sabiam que eram negros, e ela queria que essa diferença fosse reconhecida como uma diferença confortável e natural. Delpit (1991), analisando o livro de Paley, aponta isso como o começo da "viagem em direção a reconhecer e avaliar diferenças".

Minha própria experiência com professores brancos, tanto os que estão se formando como os mais experientes, indica que muitos se sentem desconfortáveis para reconhecer qualquer diferença nos alunos, especialmente diferenças raciais. Assim, alguns professores fazem declarações como "na verdade, não vejo a cor, vejo apenas crianças" ou "não me importa que eles sejam vermelhos, verdes ou de bolinhas, eu apenas trato a todos como crianças". No entanto, essas tentativas de daltonismo mascaram um "racismo inconsciente", uma "mentalidade não crítica que justifica a injustiça e a exploração por aceitar a ordem existente das coisas como estabelecida" (KING, 1991, p. 133-146). Isso não quer dizer que esses professores são racistas, no sentido convencional. Eles não privam ou punem crianças afro-americanas com base em sua raça, mas ao mesmo tempo não são inconscientes do modo como algumas crianças são privilegiadas e outras são prejudicadas na sala de aula. Sua "inconsciência" vem à tona quando falham em desafiar o *status quo*, quando aceitam o estabelecido como inevitável.

Em um estudo anterior que ilustrava esse tipo de comportamento, alunos de licenciatura em Pedagogia foram solicitados a explicar as disparidades econômicas, sociais e educacionais existentes entre crianças brancas e afro-americanas (KING; LADSON-BILLINGS, 1990, p. 15-30). Esses estudantes foram apresentados a dados sobre as oportunidades de vida das crianças afro-americanas e brancas, e lhes foram feitas três perguntas: Como você pode explicar essas disparidades? Quais são algumas das explicações ideológicas divergentes para essas disparidades? O que as escolas podem fazer sobre essas disparidades?

As respostas dos estudantes à primeira questão fornecem algumas percepções impressionantes. Muitos fizeram menção ao fato de os afro-americanos terem sido escravizados para explicar suas condições econômicas, sociais e educacionais. Uns poucos sugeriram que o fracasso dos afro-americanos para conquistar oportunidades iguais na sociedade explica as disparidades. Somente um aluno apresentou o racismo como explicação.

A crença da maioria dos estudantes – de que a escravização dos afro-americanos há mais de cem anos explica as disparidades de hoje – sugere que eles não conseguiam imaginar como as condições podiam ser diferentes. A escravização de afro-americanos é parte da história. Conseqüentemente, de acordo com essa visão o passado, por si só, determina o futuro de um povo. Um problema ainda mais fundamental com esse ponto de vista no contexto da sala de aula é o seguinte: se um professor olha para a classe e vê os filhos e filhas de escravos, como essa visão se traduz nas suas expectativas por excelência educacional? Como esperar que professores que vêem os afro-americanos como meros descendentes de escravos consigam inspirar-lhes níveis educacionais, econômicos e sociais que podem até mesmo exceder os seus próprios?

O antídoto comum contra essa persistente opinião a respeito das crianças afro-americanas é o observador fazer de conta que ele ou ela não vê a cor que outrora forçou os ancestrais daquelas crianças à escravidão. Neste caso, o professor se declara daltônico. Contudo, essas declarações não podem ser válidas. Devido ao significado de raça e cor na sociedade americana, é impossível acreditar que uma professora de sala de aula não repare na raça e etnia das crianças a quem ela leciona. Além disso, ao declarar que não repara, a professora está anunciando que rejeita uma das mais evidentes características da identidade da criança e que não está considerando isso em seu planejamento curricular e de ensino. Dizer que estamos cientes da raça e dos antecedentes étnicos dos alunos não é o mesmo que dizer que tratamos os alunos desigualmente. A paixão pela igualdade presente nos *ethos* americano tem muitos professores (e outros) equiparando igualdade com semelhança. Um exemplo pode ajudar a esclarecer esse ponto.

Numa classe de trinta crianças a professora tem um aluno que é deficiente visual, um que é dependente de cadeira de rodas, um que tem pouco domínio de inglês, e um que é intelectualmente brilhante. Se a professora apresentar tarefas idênticas de maneira idêntica para todos os alunos, ela está procedendo justamente, ou injustamente, com as crianças? O aluno que tem deficiência visual não pode ler as letras miúdas em uma tarefa, o que depende de cadeira de rodas não pode fazer abdominais na aula de ginástica, o que fala uma língua estrangeira não pode fazer um relatório oral em inglês, e o intelectualmente brilhante não aprende nada grafando palavras que dominava há vários anos.

A idéia de justiça como semelhança só faz sentido quando todos os alunos *são* exatamente iguais. Mas mesmo dentro do núcleo familiar, crianças nascidas dos mesmos pais não são exatamente iguais. Crianças diferentes têm necessidades diferentes, e voltar-se para essas necessidades diferentes é o melhor caminho para lidar com elas de maneira justa. O mesmo é verdade na sala de aula. Se os professores fingem não ver as diferenças raciais e étnicas dos alunos, eles realmente não vêem os alunos de modo algum, e sua capacidade de enfrentar necessidades educacionais dos alunos é limitada.

Professores com práticas culturalmente relevantes têm elevada auto-estima e grande respeito pelos outros

Embora minha vizinhança fosse predominantemente afro-americana, lá moravam umas poucas famílias brancas. A maioria freqüentava escolas católicas. Fazia sentido para nós; eles eram católicos. Um dos meninos brancos da vizinhança foi para um internato particular. Seu pai havia morrido e isso o tornou qualificado para uma escola particular para meninos órfãos (acho que a presença da mãe não contava naquela época). A escola que ele freqüentava não aceitava meninos afro-americanos. (Muitos anos mais tarde aquela escola se transformaria num campo de batalha na luta pelos direitos civis em nossa cidade). Apenas uma família branca, com dezessete filhos, enviava suas crianças para minha escola elementar. Eles eram extremamente pobres e muitas vezes apareciam sujos e despenteados. Na comunidade escolar, todos os conheciam, e alguns sentiam uma ponta de simpatia por eles, pois por mais pobres que fôssemos, sabíamos que não éramos tão pobres quanto eles.

Mas, de certa forma, eles pareciam se consolar com o fato de que embora fossem extremamente pobres, ao menos não eram negros. Todas as brigas que essas crianças tiveram aconteceram porque chamaram uma das crianças afro-americanas de "crioulo". Nós nos perguntávamos quem ou o que eles pensavam que nós éramos. E no que aquilo os tornava, visto que estavam resignados a passar seis horas de todos os dias de aula conosco?

Tabela 3.1 – Conceito de si e dos outros

Culturalmente Relevante	**Assimilacionista**
Professora vê a si mesma como uma artista, o magistério como uma arte.	Professora vê a si mesma como um técnico, o magistério como uma tarefa técnica.
Professora vê a si mesma como parte da comunidade, e ensinar como dar algo de volta à comunidade, encoraja os alunos a fazerem o mesmo.	Professora vê a si mesma como um indivíduo que pode ou não ser parte da comunidade; encoraja o êxito como um meio de escapar da comunidade.
Professora acredita que todos os alunos podem ser bem-sucedidos.	Professora acredita que o fracasso é inevitável para alguns.
Professora ajuda os alunos a fazerem conexões entre sua comunidade, identidade nacional e global.	Professora homogeneiza os alunos em uma identidade "americana".
Professora vê o ensino como "extrair conhecimento" – semelhante a "escavação".	Professora vê o ensino como transmitir conhecimento – semelhante a um "depósito bancário".

Pauline Dupree é uma afro-americana que mora na mais abastada comunidade branca que se limita com o município onde meu estudo foi desenvolvido. Freqüenta uma igreja batista afro-americana que muitos dos alunos e pais do distrito também freqüentam. Para alguns, ela parece ser reservada e sem graça, mas durante meus dois anos de estudo, eu a achei séria e sofisticada. Descreve-se como uma professora sensata e sem supérfluos.

Dupree é uma mulher afro-americana esguia e atraente. Está sempre impecavelmente vestida num estilo que lembra o de uma executiva. Suas roupas são sempre combinadas; parece ter um par de sapatos diferente para cada uma delas. Durante nossa primeira entrevista ela disse que algumas vezes, de manhã, as meninas de sua classe olham sorrateiramente pela porta da sala para ver o que ela está vestindo. Quando uma de suas alunas lhe perguntou porque ela estava sempre "tão bem vestida", Dupree respondeu que se vestia daquela maneira porque estava indo trabalhar, e trabalhava com gente muito importante, então queria parecer bem.

A sala de aula de Dupree reflete seu gosto pela ordem. Como diz o ditado, há um lugar para cada coisa e cada coisa em seu lugar. Apesar do fato de sua turma estar alojada numa das menores salas de aula provisórias da escola, ela encontrou uma maneira de utilizar o espaço eficientemente e evitar uma sensação de aglomeração. Sair do turbulento pátio de recreio para a sua sala é como entrar em outro mundo. Os alunos são bem comportados e ordeiros – muito parecidos com Pauline Dupree.

Durante nossa entrevista, Dupree comentou que estava um pouco consternada com alguns dos jovens professores brancos que vieram trabalhar no município. "Chegaram aqui vestidos como pessoas que estão indo esfregar a cozinha de alguém. Quero dizer, que tipo de mensagem você passa para uma criança quando não se preocupa com elas, o suficiente, para vestir roupas limpas e bem passadas?"

A sra. Harris, minha professora da terceira série, era absolutamente elegante. Usava belos sapatos de salto alto. Algumas vezes, à tarde, ela os trocava por sapatos baixos, se seus pés estivessem cansados, mas todas as manhãs começavam com o clic, clic, clic de seus saltos altos, pra lá e pra cá, quando ela nos cumprimentava nas filas. Eu queria me vestir da maneira como a sra. Harris se vestia. Não queria usar sapatos "confortadores de velhinhas" como os da sra. Benn, e certamente não queria usar mocassins gastos como os da minha professora da primeira série, a srta. Schwartz. Eu queria usar sapatos de salto alto, bonitos, brilhantes, como os da sra. Harris. Era assim que uma professora devia parecer, pensava eu.

O modo de pensar de Dupree sobre a importância da aparência pessoal é confirmado por Foster (1986). Em suas memórias dos anos em que foi professor de escola secundária em Nova York, cita vários exemplos das recordações dos alunos sobre professores que se vestiam pobremente. Foster afirma que o cuidado com a aparência pessoal e a apresentação é extremamente importante nas comunidades de minorias. Conta de presos por protestos em prol dos direitos civis que persuadiram seus advogados a trocar as calças jeans por ternos conservadores e aparar os cabelos longos em cortes mais conservadores, para que se parecessem mais com o promotor e o juiz. Foster também afirma que os professores que se vestem pior são as mulheres brancas professoras da escola secundária. Acredita que seus sentimentos em relação à baixa posição social dos professores contribuem para uma baixa auto-estima, que se traduz em pouco ou nenhum respeito ao modo como se vestem.

Com certeza esse não é o caso de Pauline Dupree. Ela se importa bastante com a maneira como se veste. Isso sugere que também se importa com as pessoas com as quais trabalha e com sua profissão. Para ela, ser professora é uma missão especial.

Dupree fala à sua turma de quarta série sobre ensinar como sendo uma profissão que vale a pena.

Dupree: Quantos de vocês pensam que gostariam de ser professores quando crescerem?

(Poucos alunos levantam a mão, todos eles, meninas.)

Dupree: E quanto a alguns de vocês, meninos?

(Vários alunos abafam o riso.)

Dupree: Vocês não sabem quanto os professores são importantes? Sem bons professores, nenhuma das pessoas bem-sucedidas sobre quem vocês leram teria aprendido as coisas básicas, como ler, escrever, matemática e ciências, que as ajudaram a ter sucesso.

Aluno: Mas eu quero ganhar muito dinheiro... ser uma estrela do basquete!

Dupree: Essa é uma boa meta, mas a maioria dos jogadores de basquete passa mais tempo na sala de aula do que sendo estrelas na quadra. Eles têm carreiras curtas e devem estar preparados para fazer alguma coisa mais tarde. Se você estiver preparado intelectualmente, você pode lecionar. Sobre o dinheiro ser uma preocupação, é verdade que os professores não ganham tanto quanto acho que eles deveriam, mas realmente, trata-se mais de trabalhar que de ganhar dinheiro.

Outro aluno: Como o que, srta. Dupree?

Dupree: Como ter a chance de trabalhar com as pessoas mais importantes do mundo.

Aluna: Quem?

Dupree: Todos vocês. Todas as manhãs, quando acordo, sei que estou a caminho de trabalhar com as pessoas mais importantes do mundo. Vocês sabem porque são as pessoas mais importantes do mundo?

(Silêncio)

Dupree: Porque vocês representam o futuro. O modo como vão se sair terá conseqüências para todos nós. O que vocês decidem fazer com suas vidas pode ajudar a tornar esta comunidade e o mundo um lugar melhor. Espero que alguns considerem seriamente a possibilidade de lecionar. Tenho certeza absoluta que alguns de vocês dariam excelentes professores.

No meio da arrumação, depois de uma das minhas numerosas mudanças, achei meu livro do ano da faculdade. Nele, descobri uma foto de uma das minhas professoras. Nela estava escrito: "Os melhores votos para uma aluna muito talentosa que continuará um dia a buscar o doutorado". Meus olhos se arregalaram de espanto; meu queixo caiu. Por que, em nome de Deus, ela teria escrito aquilo? Enquanto estudante, nada havia sobre mim que indicasse uma pós-graduação. Eu até não sabia o que queria fazer com minha vida naquela época; não tenho certeza nem mesmo de saber o que era uma pós-graduação e o que era preciso para isso.

Professores com práticas culturalmente relevantes vêem a si mesmos como parte da comunidade, vêem o magistério como dar algo de volta à comunidade, e encorajam os alunos a fazerem o mesmo

Essa qualidade é muito evidente no trabalho de Julia Devereaux. Devereaux é uma mulher afro-americana que morou na comunidade da escola a maior parte de sua vida. Freqüentou as mesmas escolas onde leciona. É atuante na igreja católica local e é chefe da tropa de escoteiras da comunidade. Também é presidente do conselho de professores do município. Nenhum de seus três filhos freqüenta as escolas públicas do bairro. Suas duas filhas foram a uma escola de libertação negra local, onde ela lecionou antigamente (foi casada com um membro dos Panteras Negras) e mais tarde foram para uma exclusiva escola particular de brancos. Seu filho, atualmente, freqüenta uma escola católica de ensino fundamental que atende uma grande população afro-americana e latina.

A turma de Devereaux fica na sala de aula provisória ao lado da de Dupree. Ambas são professoras da quarta série, mas há um enorme contraste no clima das salas de aula. Enquanto a turma de Dupree é limpa e ordeira, a de Devereaux pode ser descrita como "um caos organizado". É uma turma atarefada dirigida por uma professora atarefada. Devereaux constantemente procura materiais e suprimentos para adquirir para seus alunos. Aproveita as ofertas especiais ou pechinchas oferecidas aos professores por editoras ou lojas de material escolar. Em conseqüência, sua sala é lotada de livros, cartazes, novidades em lápis, canetas, borrachas, chaveiros, copos de café e outros itens interessantes. Devereaux é uma catadora de objetos que não se importa de gastar tempo procurando por coisas que possam ser usadas na sua sala de aula.

Ao longo da parede do fundo da sala de aula há estantes transbordando de livros – alguns são coleções completas, outros com títulos avulsos aleatórios. Devereaux mantém sua escrivaninha no fundo da sala. Provavelmente, deve fazer algum tempo desde que viu a superfície de sua mesa, porque está coberta de livros e papéis. Mas a condição da escrivaninha tem pouca importância para ela porque, como sugere sua posição no fundo na sala, Devereaux passa pouco tempo lá.

> Este trabalho exige que você seja alerta e ativa. Não tenho tempo de sentar na escrivaninha. Preciso ser capaz de me movimentar entre as

crianças o dia todo. Estou sempre dizendo aos garotos, "Coloque aquilo na minha mesa... coloque isto na minha mesa". No fim do dia, tantas coisas foram colocadas na minha escrivaninha que eu não posso vê-la. Mas meu ensino não tem a ver com papel, tem a ver com pessoas.

Devereaux acredita que lecionar oferece às pessoas uma forma humanitária e ética de dar um retorno à comunidade. Por ser fluente em francês, Devereaux podia ter optado por lecionar numa escola secundária de um bairro mais rico. Reflete sobre sua escolha de permanecer numa comunidade afro-americana.

> Eu queria muito lecionar aqui! Meu primeiro emprego mal pagava o aluguel. Lecionei numa escola particular de libertação negra, onde meus próprios filhos estudaram. Eu simplesmente não acredito que você tira, tira, da comunidade e nunca dá de volta. É isso que eu tento dizer aos meus alunos hoje. Vocês precisam receber uma boa educação porque a comunidade precisa do poder da sua mente.

Em todos os dias de aula Devereaux lembra a seus alunos sobre formas pelas quais eles podem se tornar mais envolvidos na comunidade. Além de conversar sobre a construção da comunidade, ela demonstra como fazer isso. Dá o número do seu telefone particular para os pais de todos os alunos. Estabelece uma rede de telefones de modo que informações importantes podem chegar rapidamente aos pais.

Numa sexta-feira, um dos alunos de Devereaux não chegou em casa. A mãe dele ligou para Devereaux, em pânico. Devereaux tranqüilizou-a, dizendo que achariam o rapaz. Ativou sua rede de telefones e os pais organizaram grupos de busca. O estudante foi encontrado na casa de um amigo mais ou menos às 23h30 daquela noite. Devereaux insiste que não poderia ter feito aquilo sozinha, mas porque os pais trabalharam juntos como uma comunidade, todo o grupo ajudou na busca.

Uma das freqüentes reclamações entre os professores de hoje é que os pais não estão envolvidos o bastante com as escolas. Os professores lamentam o fato de que mais e mais crianças vêm de lares onde ambos os pais trabalham. Uma estatística mostra que 75% dos pais nunca visitaram as escolas de seus filhos (The truth about teachers, 1989). *Não me lembro de meus pais se desviando do seu caminho para virem à escola. Talvez vieram, uma vez por ano, para uma reunião ou uma apresentação dos alunos, mas nem meu pai nem minha mãe eram muito visíveis. Estavam muito ocupados, trabalhando. Esperavam que eu fizesse o que o professor havia me mandado fazer. No entanto, se meus professores precisassem de meus pais para alguma coisa, tudo o que precisavam fazer era telefonar.*

Ann Lewis, professora da sexta série, também enfatiza a idéia de comunidade. Lewis é uma mulher branca que morou na comunidade toda a sua vida. Sua mãe é uma das poucas residentes brancas que não participou do "vôo branco" dos anos 1950; morou na comunidade por mais de quarenta anos. Lewis diz que foram os excelentes professores que ela teve no bairro quando criança que a inspiraram a se tornar professora. Lewis se identifica fortemente com a comunidade afro-americana; ela tem padrões de linguagem semelhantes aos dos afro-americanos. Lewis foi convidada pelos membros da comunidade para ser sua porta-voz em um recente documentário de televisão sobre a comunidade e o bairro da escola. Era a única professora branca que eles viam como uma legítima porta-voz do bairro.

Lewis e Devereaux foram colegas de turma. Ambas entrando nos quarenta anos agora, freqüentaram juntas a escola quando meninas. Como Devereaux, Lewis tem sido atuante na política da rede de ensino da escola e foi a antecessora de Devereaux na presidência da associação de professores. De fato, foi presidente da associação de professores pelo menos quatro vezes.

Talvez por causa do seu diligente envolvimento com a comunidade, Lewis exige que seus alunos formem uma comunidade social viável antes de poderem se tornar uma viável comunidade de aprendizagem.

> Eles têm que se importar uns com os outros e depender uns dos outros antes de podermos realmente realizar qualquer coisa significativa. Temos que ter um sentido de família, de "equipe". Quando nos vemos como uma equipe que trabalha junta, podemos fazer qualquer coisa. Ter uma espécie de espírito de equipe ajuda a entender que o sucesso de um é o sucesso de todos, e que o fracasso de um é o fracasso de todos.

Uma das maneiras como Lewis desenvolve comunidade em sua sala de aula é através de sua viagem anual de acampamento. Cada semestre de outono ela providencia uma viagem de acampamento de cinco dias para seus alunos, perto da costa da baía de São Francisco. Organizados através do programa de educação ambiental do município, Lewis e os alunos acampam com vários outros grupos de estudantes. As metas são ensinar sobre o ambiente, encorajar o contato intercultural e, no caso de Lewis, desenvolver um sentido de proximidade e de espírito de equipe entre seus alunos.

Como muitos pais no bairro têm tido experiências negativas com professores, Lewis precisa gastar quase um mês para convencer alguns deles de que a viagem de acampamento é uma experiência que vale a pena, e que devem dar sua permissão. Lewis certifica-se de que cada aluno esteja aparelhado com um saco de dormir e outros equipamentos necessários.

Muitos professores da zona central da cidade evitam esse tipo de interação intensa com seus alunos. Para eles, seu horário de trabalho vai de segunda à sexta, das 8h30 às 15 horas. A viagem de acampamento de Lewis representa um sacrifício de sua parte, mas ela sente que essa experiência é necessária para moldar cada grupo de alunos individuais, num todo coeso.

"Bem, srta. Filadélfia, quando você virá à minha casa para jantar?" rugia meu professor de história americana. Cada um de nós, um após o outro, como parte de um grupo de três ou quatro, era convidado à sua casa para jantar e conversar sobre assuntos gerais. Muitos anos mais tarde eu seria convidada – na verdade, convocada – para comparecer a um jantar na casa do meu orientador da pós-graduação. Até então, entendia que tais reuniões serviam como uma forma de incluir pessoas no "time" e desenvolver um sentido de comunidade. Meu professor da graduação estava nos ajudando a entender a importância desse tipo de comportamento. Muito do que se espera de você vem de situações de aprendizado informal. Os empregos que estão disponíveis, os privilégios que são concedidos, os comitês que mais auxiliam o progresso de uma pessoa, são questões que não são muitas vezes discutidas no ambiente "neutro" da sala de aula. Os verdadeiros negócios e políticas da escola, freqüentemente têm lugar entre a "comunidade", fora da sala de aula.

Professores com práticas culturalmente relevantes vêem o magistério como uma arte e a si mesmos como artistas

Esses professores não ignoram os princípios científicos da pedagogia. No entanto, não vêm o magistério como uma habilidade técnica que requer uma preparação mínima, e não crêem que desde que alguém siga uma receita ou prescrição, possa prever resultados. Ao contrário, professoras como Peggy Valentine exemplificam o aspecto criativo do magistério.

Valentine,[1] uma afro-americana nos meados dos quarenta anos, é relativamente nova no bairro, tendo vindo do meio-oeste depois que a companhia onde seu marido trabalha o transferiu para a costa oeste. Considera-se uma professora no sentido estrito e tem talento para o teatro, agitando os braços e revirando os olhos para transmitir um ponto. Freqüentou uma faculdade historicamente negra e se identifica intimamente com os alunos porque muitos deles são de famílias monoparentais, e sua própria criação foi num lar monoparental.

Valentine lecionou tanto em escolas da zona central, como em suburbanas. Sua experiência com o ensino de alunos brancos mais abastados a convenceu de que os afro-americanos têm forças especiais que raramente são reconhecidas nas escolas. Ela é muito sensível ao que percebe como menosprezo, com base na raça, por parte da administração da escola. Seu diretor não parece gostar dela como pessoa, mas não hesita em reconhecê-la como uma das melhores professoras da escola.

Valentine aprecia lecionar a alunos afro-americanos porque, diz ela, se identifica muito de perto com eles:

> Quando olho para minhas crianças, me vejo. Cresci numa família monoparental. Sei o que é não ter as coisas que outras crianças têm. Também sei que ser inteligente não tem nada a ver com a cor da pele. Sei que alguns dos nossos garotos são o que é chamado de "safo". Eles têm o que as pessoas negras chamam de "esperteza de mãe" – você sabe, o tipo de senso que protege você de ser ferido ou mesmo morto. Quando lecionei àqueles meninos brancos nos subúrbios, é claro que muitos pareciam saber o "conhecimento de livro", mas geralmente alguns deles não tinham senso bastante para sair na chuva sem se molhar.

Valentine envolve criativamente seus alunos de quarta série no que, de outra forma, poderia ser uma aula relativamente chata sobre adjetivos. A fim de estimular os alunos a usar uma linguagem mais descritiva e viva na escrita, desenvolveu uma atividade para levá-los a entrar em contato com adjetivos pouco comuns. Essa aula acontece no mês de outubro e

---

[1] A srta. Valentine se transferiu para outro distrito escolar durante o segundo ano deste estudo. Seu marido foi transferido pela empresa onde trabalhava para fora da região e ela deixou o distrito escolar.

assim ela tira proveito do clima de Dia das Bruxas. Escreve na lousa um substantivo e pede às crianças que pensem em tantas palavras quantas puderem para descrever aquele substantivo. O primeiro substantivo é "bruxa". Hesitantes, num primeiro momento, as crianças começam a propor alguns adjetivos. "Bruxa velha", diz um dos alunos. "Bruxa malvada", diz outro. "Bruxa preta", diz um terceiro. Subitamente, Peggy esfrega o peito como se estivesse tendo um ataque cardíaco e gira os olhos para trás nas suas órbitas. "Bruxa preta, bruxa velha, bruxa malvada – dá um tempo! Caras, vocês estão me matando! Preciso de alguns incríveis, fantásticos, excelentes, estupendos, magníficos adjetivos. Vou aceitar até alguns adjetivos compostos. Alguém pode me salvar?" Depois de algumas risadinhas, um dos meninos se aventura, "Que tal uma bruxa de cara verde, nariz curvo, diabólica?" "Sim!", grita Peggy Valentine. "Agora estamos esquentando. Me dêem mais, mais!" A aula continua com os alunos disparando uma variedade de frases com adjetivos compostos e complexos para ressuscitar a moribunda Valentine. A aula continua por quase quarenta minutos.

No nosso intervalo depois da aula, Valentine me diz que não planejou a parte dramática da aula. No entanto, até aquilo acontecer, não havia sentido que os alunos estivessem realmente envolvidos com a aula.

> Eles estavam apenas tentando chegar ao final e eu sei que não estavam tirando nada da aula. Então decidi, imediatamente, fazer alguma coisa dramática para chamar sua atenção. Você tem que ser um pouco ator para ser um bom professor, e algumas vezes você tem que exagerar. Você está no palco todo o tempo. Quando comecei a representar que estava "morrendo", sabia que isso provocaria alguns sorrisos amarelos, mas também sei que minhas crianças querem me agradar. Querem fazer as coisas direito porque querem a minha aprovação. Para ajudá-los a desenvolver alguma motivação, tiro partido do forte sentimento que têm por mim. Em meu papel dramático, poderia ficar brava sem repreendê-los na prática. Realmente planejei que essa aula durasse de vinte e cinco a trinta minutos, mas uma vez que eles estavam tirando proveito e pareciam realmente gostar da aula, sabia que não podia interrompê-los. Você não pode simplesmente colocar um tempo limite para o bom ensino. Você precisa continuar com ele e ver onde vai levar. É por isso que o planejamento de um bom professor não passa de uma tentativa. Você pode escrever todos os objetivos comportamentais que você quer. Quando a dinâmica de uma boa aula está fluindo, você não pode saber onde vai terminar. Tem apenas que confiar que o aprendizado tem valido a pena e que as crianças têm tirado algum proveito disso.

Professores com práticas culturalmente relevantes acreditam que todos os alunos podem ser bem-sucedidos

Essa noção de que todos os alunos podem ser bem-sucedidos pode parecer banal porque é constantemente repetida na literatura pedagógica. No entanto, é só depois de vê-la na prática que se reconhece que ela é mais que uma palavra de ordem.

Nas salas de aula dos professores assimilacionistas – aqueles que parecem estar satisfeitos com o *status quo* – há uma convicção de que o fracasso é inevitável para alguns alunos. Deste modo, o professor desenvolve favoritos, ou "queridinhos", que são afastados dos seus pares. A discussão de Splindler sobre um professor que agia dessa maneira é muito esclarecedora no que diz respeito à inabilidade de alguns professores brancos da classe média para reconhecer as formas idiossincrásicas pelas quais interagem com alunos de diferentes antecedentes (SPINDLER, 1982, p. 20-46).

Minha professora da quarta série, a sra. Powell, parecia deslocada em nossa escola amplamente afro-americana. Era uma mulher branca de meia idade que raramente sorria. Não consigo lembrar de ela alguma vez ter tocado em qualquer de nós. De fato, me recordo dela dizendo que ninguém poderia tirar um A em sua classe porque um A significaria que nós éramos tão inteligentes quanto ela. "Que idéia bizarra", pensava eu. Havia trabalhado duro para merecer os "As" que ela não tinha intenção de dar. Apesar dos meus trabalhos perfeitos de ortografia, leitura e matemática, ela só me dava B+. Minha mãe foi vê-la para falar sobre a discrepância entre os trabalhos que eu trazia para casa e as notas no meu boletim. E do segundo período de relatórios até a época em que saí de sua turma, recebi "As" da sra. Powell. Não acho que ela pensasse que eu estava propriamente merecendo aqueles "As", mas não acho que ela quisesse explicar novamente para minha mãe seu injusto sistema de notas. Infelizmente, não acho que a habilidade da minha mãe ao persuadir a sra. Powell de repensar sua avaliação tenha sido estendida aos meus colegas de classe. Minha mãe era capaz de agir como minha advogada, mas tinha pouco impacto no sistema como um todo.

Apesar de todas as professoras deste estudo demonstrarem a convicção de que todos os seus alunos pudessem ser bem-sucedidos, Gertrude Winston e Elizabeth Harris serão discutidas aqui para ilustrar essa qualidade.

Winston é uma professora experiente com quarenta anos de magistério. Freqüentou a escola normal e começou a lecionar numa escola com uma única sala, na zona rural de Michigan. Depois de doze anos, decidiu fazer parte da organização Corpos de Paz. Teve seu primeiro contato com negros como professora na África Oriental. Depois da África, começou a lecionar em escolas urbanas do sul da Califórnia e, finalmente, mudou-se para a área da baía de São Francisco nos os últimos anos de sua carreira de magistério. Descreve sua experiência de lecionar a alunos africanos e afro-americanos como transformadora. Acredita que recebeu dos alunos tanto quanto foi capaz de dar. É rápida em partilhar coisas que os alunos lhe ensinaram sobre responsabilidade e relações de parentesco. Diz que nunca se casou porque tem estado muito ocupada em desfrutar sua vida como professora.

Entre na sala de aula de Winston e você estará entrando num modelo de ordem. A sala é luminosamente pintada e há cubículos para o trabalho de cada aluno. Todos os tipos de pastas foram preparados para ajudar os alunos a manter seus vários trabalhos organizados. A sala de Winston parece maior porque prefere que seus alunos usem grandes mesas em vez de carteiras, como faz a maioria dos professores de sua escola. Menos espaço do chão é ocupado por carteiras individuais. Os toques pessoais que ela deu à sua sala são indicativos do amor e cuidado que tem para com seus alunos. Ela dirige uma sala que alardeia "sucesso". Winston insiste em dizer que nunca encontrou um aluno malsucedido.

> Você sabe, todos eles são bem-sucedidos em alguma coisa. O problema é que muitas vezes a escola não lida com o tipo de coisas em que eles podem ser e serão bem-sucedidos. E aqueles testes! Aqueles são sempre as piores coisas. Eles não começam testando o que as crianças realmente sabem. Por isso minha aula é uma constante busca de maneiras de ser bem-sucedido. Por isso fazemos tantos projetos na minha aula. Imagino que se fizermos vários tipos de coisas *diferentes*, esbarraremos com o tipo de coisas com as quais as crianças podem ser bem-sucedidas. Por exemplo, quando faço minha oficina de costura, isto está ligado a minha unidade de estudos sociais, mas quando uma quantidade considerável de crianças descobre que são muito boas em costura – e me refiro tanto aos meninos quanto às meninas – posso fazer com que se interessem em ler sobre costura e outros trabalhos manuais e, em seguida, que escrevam sobre isso. Mas você sabe, os testes não alcançam esse importante processo complexo de passar de uma experiência concreta para o nível da abstração que a escrita representa.

Alice Hall tornou-se minha professora da sexta série, depois que nosso professor original, o sr. Moses, foi promovido a diretor assistente. O sr. Moses era um homem branco alto, um dos poucos professores homens da nossa escola. Enquanto foi nosso professor, parecia passar uma quantidade exagerada de tempo conversando com a srta. Plunkett, uma bonita professora branca do outro lado do corredor. Ficava bastante tempo sentado à sua mesa. De lá, nos dizia quais páginas devíamos ler nos nossos livros escolares. A qualquer hora que terminássemos nosso trabalho, nos era permitido desenhar. Desenhei bastante enquanto ele era nosso professor.

Eu era uma das poucas alunas animadas com a transferência da sra. Hall da quarta para a sexta série. Eu a conhecia do clube de flauta e sabia que ela tinha muitos talentos e interesses. Era uma magnífica tricoteira e ensinaria essa habilidade a qualquer um que estivesse interessado. Era uma talentosa musicista e sempre ensinou seus alunos a tocar flauta doce. Uma de suas disciplinas mais fortes era a matemática, e ajudava os alunos a investigar profundamente seus mistérios. Alguns dos alunos não gostavam da sra. Hall. Ao contrário do sr. Moses, ela exigia que trabalhássemos – duro. Vários alunos resmungavam, mas todos aprendiam. Muitos anos mais tarde eu a vi numa cerimônia de entrega de diplomas em uma faculdade local, onde ela era educadora. Havia se tornado professora de matemática.

Elizabeth Harris é uma mulher afro-americana de "cinqüenta e alguma coisa" anos, que havia morado na comunidade por mais de vinte anos. É atuante na congregação pentecostal local e é tida como a "mãe da igreja". Os alunos de toda a escola tomam cuidado com o tipo de linguagem que usam perto dela. Ela é muito gentil e fala manso. Descrevo sua abordagem do ensino como reflexiva e espiritual. Sua convicção religiosa não permite que veja seus alunos como fracassados. Vê a todos como criaturas de Deus e, pelo mesmo critério, "Deus não cria lixo!".

Harris, Dupree e Devereaux lecionam na mesma escola. Embora a escola esteja situada em uma comunidade branca, os moradores conseguiram aprovar uma medida legal que lhes permite enviar seus filhos para uma escola numa comunidade branca vizinha. Desse modo, alunos afro-americanos, latinos e das ilhas do Pacífico fazem o curto percurso de ônibus pela via expressa para freqüentar essa escola. A diretora da escola é relativamente nova no bairro e não é considerada competente, nem por sua equipe, nem pela comunidade. Harris, Dupree e Devereaux, com seus espíritos independentes, não estão entre os membros favoritos de sua equipe. Elas não a antagonizam deliberadamente, mas tampouco se prostram diante dos seus desejos, como fazem alguns dos novos educadores.

Não é uma escola fácil para se lecionar. Os pátios, corredores e muitas salas de aula parecem especialmente barulhentos. Os alunos falam em voz muito alta e algumas vezes grosseiramente, uns com os outros, com os professores e com os ajudantes dos professores. A disciplina parece ser uma preocupação para muitos dos professores.

Harris, Dupree e Devereaux têm salas de aula incomuns para essa escola; todas têm um senso de ordem e compromisso com os alunos. Quando você entra na sala de Harris, é envolvida por uma sensação de calma e paz. Ao contrário da sala de aula limpa, ordenada e prática de Dupree, ou da colméia em atividade de Devereaux, a sala de aula de Harris parece ser um oásis no deserto, ou um lugar calmo no meio de uma tempestade.

Cada manhã, Harris inicia sua aula da segunda série com uma canção. Uma das favoritas de suas crianças é "A paz é fluente como um rio". Começa a dar instruções perguntando "No que vamos ser os melhores hoje?" Os alunos começam a propor coisas, tanto instrutivas como não instrutivas, nas quais pretendem se destacar. "Vou ser bom na minha matemática", diz um menininho. "Vou ser boa fazendo o meu trabalho e cuidando da minha vida", diz uma menininha. Enquanto os alunos declaram suas metas e expectativas para o dia, a sra. Harris os encoraja com um sorriso ou um comentário, "Oh, você vai? Bem, isso é muito bom!" ou "Sei perfeitamente que você pode fazer isso".

No final do dia, Harris reúne novamente seus alunos para fazê-los avaliar quão bem se saíram com suas metas. É dada uma oportunidade a cada aluno para descrever o que ela ou ele fez para ser bem-sucedido durante o dia. Os alunos relatam os sucessos e refletem sobre a forma como poderiam ter sido ainda melhores em algumas coisas. Harris diz a eles, constantemente, como são bons.

> Não estou tentando dizer às crianças que elas são alguma coisa que não são. Embora nem todas se saiam bem ao nível das notas, temos que ter um

ponto de partida para o sucesso. Elas precisam identificar para si mesmas o que sabem que podem fazer, e então fazê-lo. Também precisam receber crédito para essas realizações.

Vejo muitas de nossas crianças na igreja. Lá, elas demonstram que são capazes de fazer todo tipo de coisas. Cantam no coro, conduzem, relatam e dão avisos. Sei que se elas têm disciplina para executar essas tarefas de adulto, certamente podem fazer as coisas que a escola exige delas.

Acho que as crianças deixam que muitas pessoas as convençam de que são incapazes de certas coisas, como fazem os maus professores. Eles dão às crianças trabalho para bebês – toneladas e toneladas de folhas bobas de trabalho – e nunca as desafiam realmente. Elas precisam de desafios. Elas podem!

Professores com práticas culturalmente relevantes ajudam os alunos a fazerem conexões entre sua comunidade, identidade nacional e global

Este capítulo começou com uma discussão sobre as formas pelas quais algumas professoras brancas fingem não ver a cor de uma criança. Mas para professores com práticas culturalmente relevantes, os antecedentes culturais singulares dos alunos são fundamentais.

Margareth Rossi é relativamente nova no distrito escolar. É uma ex-freira católica que lecionou em outro distrito urbano e em uma escola suburbana particular para brancos. Considera-se uma professora "dura" e cultivou essa reputação em toda a escola. Ri do fato das crianças se referirem a ela, nas suas costas, pelo seu sobrenome, como se estivessem falando de um sargento instrutor.

Rossi diz que "odiava" ensinar na escola particular porque achava que as crianças eram "negligenciadas": davam a elas coisas materiais mas faltava-lhes um sincero envolvimento parental. Descreve as crianças afro-americanas como o grupo de crianças que "serão elas mesmas, não importa o que aconteça", e que dirão exatamente como se sentem. "Elas não tentam lhe enganar fingindo que alguma coisa está certa, quando, bem no fundo, pensam que não está". Sua avaliação da franqueza das crianças afro-americanas é baseada em experiências em ambas as comunidades escolares, a branca e a afro-americana. Em vez de considerar essas visíveis diferenças como deficiências, Rossi as reconhece como forças.

Na sala de Rossi é muito importante *quem* são os alunos e como eles estão ligados a comunidades mais amplas. Nas aulas sobre acontecimentos da atualidade, Rossi exige que os alunos sejam capazes de fazer conexões entre eles mesmos e as notícias que escolheram. À medida que as tensões aumentavam no Oriente Médio antes da Guerra do Golfo, muitos alunos trouxeram artigos que detalhavam o iminente conflito.

"Mas o que aquilo tem a ver com vocês?", perguntava Rossi. "Estamos sentados aqui na Califórnia ensolarada, distantes milhares de milhas do Kuwait. Por que deveríamos nos preocupar?"

"Porque eles podem jogar uma bomba sobre nós!" diz uma das suas alunas da sexta série.

"Não, eles não podem", opõe-se outra. "Nós temos todos os tipos de radar e de coisas, e se eles tentassem voar aqui, nós podíamos atirar neles".

"Vamos considerar que Rashad está certo, e que nenhum avião possa passar pelo radar americano", disse Rossi. "Que outras razões vocês apresentam para mostrar porque essas notícias são importantes para nós aqui nessa comunidade?"

Os alunos sentam-se calados pelo que parece ser um longo tempo, mas na verdade, foi apenas mais ou menos um minuto e meio. Essa espera por uma resposta é característica no estilo de ensino de Rossi. Ela não se sentia desconfortável com o silêncio da classe, porque acreditava que quando você propõe aos alunos questões substantivas, tem o dever de dar a eles tempo para pensar e responder. Finalmente, Denisha, uma menininha afro-americana que era uma aluna aplicada mas raramente se manifestava na classe, levantou a mão.

"Sim, Denisha?"

Numa voz suave e comedida, Denisha disse, "Bem, eu acho que isso nos afeta porque você precisa ter gente para lutar na guerra e, visto que não eles não fizeram nenhum recrutamento, as pessoas que serão voluntárias serão aquelas que não têm emprego, e muita gente na nossa comunidade precisa de trabalho, então pode ser que eles sejam os primeiros a ir".

Antes que Rossi possa comentar, um menino afro-americano, Sean, concorda.

"Sim, meu pai disse que foi o que aconteceu no Vietnam – negros e mexicanos foram, provavelmente, os primeiros a ir".

"Não tenho certeza se eles foram os primeiros a ir", observou Rossi, "mas posso afirmar que eles foram *super-representados*". Ela escreve essas palavras na lousa. "Vocês sabem o que quero dizer com isso?"

Nenhuma dos alunos se oferece para responder, então Rossi continua com um exemplo.

"Se os afro-americanos representam 12% do total da população americana, e os latinos representam 8% do total da população americana, que porcentagem das forças armadas vocês acham que eles deveriam representar?"

"Vinte por cento no total", brada James, sorridente por sua habilidade de fazer as contas rapidamente. "Doze por cento deveriam ser negros, e oito por cento deveriam ser mexicanos".

"Está bem", diz Rossi. "No entanto, eu chamaria aqueles 8% de latinos, e não de mexicanos, porque também estamos incluindo porto-riquenhos, cubano-americanos e outros cidadãos americanos que são da América Latina. Mas no Vietnam o número deles nas forças armadas excedeu muito ao seu número na população geral. Muitas vezes estavam entre os primeiros a se apresentar como voluntários. Vocês não acham que o comentário de Denisha nos ajuda a fazer uma ligação com essa notícia?"

Alguns dos alunos concordam verbalmente, enquanto outros balançam a cabeça assentindo. À medida que a discussão continua, os alunos falam sobre o impacto de ter rapazes, em particular, deixando sua comunidade. Devido ao fato do número de afro-americanos e latinos do sexo masculino está decrescendo nessa comunidade por eles estarem sendo presos ou enviados para instituições, a possibilidade de perder ainda mais homens para a guerra não é muito atraente.

Perto do fim da aula, os alunos estão trabalhando em grupos cooperativos e criando "mapas de causalidade" onde listam alguns acontecimentos da atualidade e seu possível impacto na comunidade.

Na sala de Ann Lewis também é muito importante *quem* são os alunos e como eles estão ligados a comunidades mais amplas. Numa manhã de segunda-feira, Ann escreve "Mandela" na lousa. Pergunta se alguém reconhece esse nome. A maioria das mãos dos alunos se ergue. O líder sul-africano Nelson Mandela acaba de ser libertado após décadas de prisão política. "Eu sei quem é Mandela", diz Jerry, um menino afro-americano da sexta série que tem opiniões fortes e um impressionante arquivo de transgressões escolares cumulativas.

"Quem é ele, Jerry?", pergunta Lewis.

"Bem, ele é o homem que estava na prisão na África do Sul, por muito, muito tempo, e estava lutando pelos direitos dos negros".

"O que Nelson Mandela tem a ver conosco?", pergunta Ann. Várias mãos se erguem. Ann chama Sugar Ray, um menino afro-americano bem-apessoado, com um corte de cabelo na moda.

"Bem, como... Nelson Mandela representa, como... negros em todo lugar, não apenas na África. Você sabe, exatamente como Martin Luther King foi um símbolo para os negros, não apenas aqui, mas em todo o mundo".

A troca de idéias continua enquanto os alunos falam sobre como estão orgulhosos de Nelson Mandela e como esperam que sua liberdade vá significar liberdade e igualdade para os negros sul-africanos. Lewis sugere alguns livros e filmes que os alunos devem consultar para aprender mais sobre o *apartheid* e as lutas dos negros na África do Sul. Os alunos falam animadamente sobre quais deles escolherão para ler ou assistir. Nenhum aluno expressa má vontade para ler. Mesmo que eles não sigam em frente com esse compromisso, está claro que é "ok" ler nessa classe. Ler não é visto como uma atividade de "maricas" ou efeminada (HARE; CASTENELL *in* SPENCER *et al.*, 1985, p. 201-214). Os alunos compreendem que ambos, a leitura e o filme, são meios para obterem mais informação sobre coisas que interessam a eles.

Professores com práticas culturalmente relevantes vêem o ensino como "extrair conhecimento" dos alunos

Um dos pontos em comum entre esse grupo heterogêneo de professores é a crença predominante de que os alunos chegam na escola trazendo conhecimentos e que esse conhecimento deve ser explorado e utilizado para que os alunos se tornem executores.

Patricia Hilliard é uma mulher afro-americana, entrando nos cinqüenta anos, que começou a lecionar depois de passar muitos anos em casa, cuidando de sua família. Depois de cursar a universidade local, começou como professora substituta num grande distrito urbano. Lecionou em escolas particulares afro-americanas em áreas urbanas. Descreve-se como alguém que ama ensinar e aprender. Uma prova dessa afirmação é que regularmente se inscreve em cursos de treinamento e seminários.

Participou de comitês de currículos dos arredores do estado e de projetos de pedagogia financiados por universidades. Acha que seu papel nessas atividades é assegurar que as crianças afro-americanas não sejam lesadas quando os recursos são distribuídos e a política é decidida. Veio para essa escola como professora substituta, mas rapidamente demonstrou sua capacidade de ser eficaz com os alunos. O distrito lhe ofereceu um contrato como professora efetiva no final do seu período de substituta.

Hilliard usa vários métodos para descobrir que conhecimentos prévios os alunos trazem com eles para a aula. Primeiro, leva algum tempo conversando com os pais sobre como educaram seus filhos. Depois conversa com os alunos sobre seus interesses e sobre as coisas em que são "bons".

> Acho que muito do que afirmamos que queremos ensinar às crianças, elas já sabem de alguma forma. Eu quero saber o que elas sabem, assim podemos estabelecer algumas relações naturais e relevantes para suas vidas. Algumas vezes minhas crianças negras terão informações sobre remédios, ou histórias e lendas que ouviram de seus avós. Pegamos essas histórias e esses remédios e os descrevemos minuciosamente, comparamos as anotações, vemos como o conhecimento das crianças se compara com o assim chamado conhecimento tradicional. Fico sempre impressionada quando os alunos me contam coisas que não conheço. Isso acontece muito (quanto mais velha fico). Mas não se trata apenas de gerações mais jovens contra gerações mais velhas. Meus alunos sabem de coisas como política da comunidade e brutalidade policial. Não posso alimentá-los com uma dieta constante de histórias graciosas de pequenos animais e crianças felizes da classe média. Suas experiências também têm que fazer parte do nosso currículo.

As declarações de Hilliard refletem seu respeito pelas experiências dos alunos. Em vez de tratá-los como se eles não soubessem de nada e que seu único propósito fosse vir à escola para aprender o que ela quer ensinar, entende o ensino como um processo recíproco. Ao ouvir e aprender com os alunos, dá-se conta da necessidade de repensar e rever o currículo e do que deve fazer com ele.

Resumindo, o foco na percepção que a criança tem de si e dos outros é especialmente importante porque os professores muitas vezes apresentam sentimentos de baixa auto-estima em relação ao seu próprio trabalho (Foster, 1986, p. 297-298). Esses sentimentos são exacerbados quando trabalham com alunos pobres e crianças de cor. O padrão para alguns professores é suportar uma designação para uma escola da zona central, até que consigam encontrar um emprego num bairro mais abastado, com menos crianças de cor. Em contraposição, vários professores deste estudo receberam convites para trabalhar em outros distritos escolares e recusaram. Seus conceitos de si mesmos, dos alunos, dos pais dos alunos e da comunidade são positivos. Fizeram do seu trabalho no distrito, o trabalho de sua vida, porque gostam e são bons nele. No próximo capítulo descreverei como a percepção que os professores têm de si mesmos e dos outros afeta as formas como estruturam suas relações sociais.

Somos uma família

> Todos sonhávamos o mesmo sonho...
> (Calvin, aluno da sexta série)

No Capítulo Três discuti como os professores que adotam métodos culturalmente relevantes vêem a si mesmos, seus alunos, e os outros. Neste capítulo, vou examinar como esses professores estruturam relações sociais em suas salas de aula e expandem essas relações para a comunidade. Começo com o exame de parte da literatura original sobre a maneira como são estruturadas as relações sociais nas salas de aula. Em seguida, descrevo algumas situações de salas de aula reais estruturadas dentro das práticas assimilacionistas e indico como o ensino culturalmente relevante pode mudá-las. O capítulo termina com a discussão dos caminhos pelos quais professores culturalmente relevantes organizam e estruturam as interações e relações sociais entre eles, e entre eles e os alunos.

Qualquer pessoa que tenha passado algum tempo numa sala de aula sabe que ela se situa entre nossas configurações sociais mais incomuns. Estudiosos como Jackson (1968) e Dreeben (1968) descreveram extensivamente a rotina e a disciplina das salas de aula. A maioria de nós é capaz de se lembrar da transição da agenda de atividades típicas da infância – que incluía correr, gritar, brincar, fazer perguntas, comer e ir ao banheiro a qualquer hora que sentíssemos vontade – para a aparentemente estranha rotina da sala de aula, onde tínhamos que nos sentar lado a lado com outros, ainda que raramente nos fosse permitido conversar.

A sala de aula típica é um grupo social onde os indivíduos tentam sobrepujar uns aos outros em cada área acadêmica. De fato, o sucesso significa fazer melhor que os outros. Mesmo naqueles poucos exemplos quando os professores estimulam os alunos a trabalhar de maneira mais cooperativa, a medida final do sucesso é o quanto o indivíduo se sai bem.

Em muitas salas de aula o papel do professor é o de líder ou imagem de autoridade. O professor é considerado como onisciente e os alunos, como ignorantes (ou, pelo menos, como sabedores de muito pouco). Essa relação é exacerbada nas salas de aula com alunos das minorias. O professor pode presumir que por causa da pobreza, linguagem, ou cultura, os alunos sabem pouca coisa que seja de valor num contexto de sala de aula. Nessas salas de aula, a relação entre professor e aluno é hierárquica, ou de cima para baixo. O professor determina, os alunos põem em prática a determinação. O professor fala, os alunos ouvem. O professor pergunta, os alunos respondem. Raramente essas regras são invertidas. Mesmo quando os professores apóiam superficialmente relações mais justas na sala de aula, algumas vezes continuam a marginalizar e atender precariamente as crianças de cor. No entanto, professores que usam métodos culturalmente relevantes compreendem que esses papéis típicos podem interferir na capacidade dos alunos de serem bem-sucedidos. Consideremos os dois seguintes cenários.

Tabela 4.1 – Relações sociais

Culturalmente Relevante	Assimilacionista
Relação professor-aluno é flexível, humanamente justa, se estende às interações fora da sala de aula e dentro da comunidade.	Relação professor-aluno é fixa, tende a ser hierárquica e limitada aos papéis formais da sala de aula.
Professor demonstra uma relação próxima com todos os alunos.	Professor demonstra proximidade com alunos isolados.
Professor incentiva uma "comunidade de aprendizes".	Professor incentiva desempenho competitivo.
Professor incentiva alunos a estudar cooperativamente. Espera-se dos alunos que ensinem uns aos outros e sejam responsáveis uns pelos outros.	Professor incentiva alunos a estudar individualmente, em isolamento.

A sra. Jones e a sra. Watson são professoras que trabalham em equipe no que é considerado um programa de escola progressista. Há uma turma de alunos da primeira e segunda série que participa das aulas de letramento por linguagem integral (*whole-language*) e um programa de matemática com base na pesquisa que tira proveito do raciocínio das crianças. Há três alunos afro-americanos na classe de Jones e Watson, uma menina e dois meninos. Um dos meninos, Lamar, veio recentemente transferido de um grande distrito urbano. A mãe da menina afro-americana, uma professora universitária, é voluntária nessa turma uma vez por semana. Durante uma avaliação de leitura, ela descobriu que Lamar, que tem idade para a segunda série, não sabe ler. A mãe voluntária é habitualmente designada para trabalhar com Lamar durante o ano. Inicialmente, ela tentou interessá-lo nos livros e tarefas que Jones e Watson fornecem. Mas os livros são muitos infantis; Lamar fica envergonhado e relutante em participar.

Depois de semanas de frustração, decidiu conversar mais com Lamar, sobre ele e sua vida antes de vir para essa escola e comunidade. Tomou conhecimento de que ele é um ávido fã de esportes. Nas semanas seguintes, ela e Lamar escreveram cartas para seus antigos amigos e escreveram histórias sobre sua vida na cidade. Lamar dita, a voluntária escreve. Então Lamar lê e relê suas próprias construções. Juntos, inventaram uma espécie de "jogo da memória", usando os nomes dos times esportivos e das cidades onde estão localizados. Cada semana Lamar parece aguardar ansiosamente pela sessão de quarenta e cinco minutos que ele passa com a voluntária.

Perto do fim do ano, Lamar está começando a ler. Quase toda sua instrução de leitura resultou das sessões com a voluntária. Dois meses antes do fim do ano escolar, foi pedido à voluntária que incluísse Marcus, o outro menino afro-americano, nas suas sessões semanais. Para seu desalento, soube então que Marcus também não tinha sido capaz de ler. Sua própria filha estava lendo antes de entrar na sala de aula; havia reclamado com a mãe dizendo que as professoras "não me ensinam nada".

> A sra. Cook tem lecionado ao jardim da infância por quase trinta anos. Descreve sua abordagem como eclética. Acredita em prestar muita atenção às necessidades do desenvolvimento dos alunos. As crianças de cinco anos de sua classe têm oportunidade de fazer muitas escolhas. Grande parte do trabalho das crianças é organizada em torno de centros de atividades. Cada manhã os alunos se reúnem no tapete para participar da

rotina matinal que inclui lista de chamada, calendário de atividades e distribuição. Então Cook divide as crianças em grupos de atividade e as libera para os centros de atividades. Matthew, o único menino afro-americano da turma, corre para sua mesa de atividade e completa a atividade dentro de poucos minutos. Impaciente para passar para a próxima mesa, reclama com os alunos dizendo que estão demorando muito. Cook repreende Matthew pelo seu modo de falar com as outras crianças. Matthew começa a perambular pela sala procurando alguma coisa para fazer. Cook diz a ele que vá se sentar. De volta à sua mesa original, Matthew provoca um dos alunos por ser tão lento. Cook diz a Matthew que ele não está sendo gentil e precisa ir para o "canto de espera". Matthew, vagarosa e raivosamente, caminha para a cadeira solitária. Cook olha para Matthew com uma cara desgostosa. "Passamos por isso todos os dias", pensa consigo mesma. Mais tarde na manhã, na hora do recreio no pátio, vários alunos cantam "Menino mau, menino mau, Matthew é um mau menino". Matthew, atinge furiosamente um dos cantores e a professora em serviço o manda para a sala do diretor por bater em outra criança.

Ambas as situações da vida real oferecem exemplos de práticas de ensino assimilacionistas. Em nenhuma das duas, a professora é intencionalmente má ou maliciosa. No entanto, ao falhar em incluir os alunos afro-americanos dentro da comunidade de aprendizes, essas professoras estimulam a alienação que esses alunos afro-americanos, provavelmente, irão experimentar de modo crescente, à medida que sua vida escolar avança.

No primeiro exemplo, Jones e Watson ignoraram as necessidades educacionais das crianças afro-americanas. Inseguras, sobre o que dizer ou fazer com elas, as professoras deixam-nas sozinhas. A menina afro-americana é capaz de negociar a aula por si mesma, mas o primeiro menino é completamente dependente da voluntária para a instrução, e o segundo é ignorado até que as professoras percebam que sua estratégia *laissez-faire* não o ajudou a aprender a ler.

No segundo exemplo, Cook transforma as forças de Matthew em defeitos. Claramente à frente dos outros alunos de sua classe, Matthew corre até o fim de suas atividades, que falham em fornecer a ele um desafio intelectual. Em vez de oferecer um estímulo intelectual adicional, Cook o pune quando ele tenta buscar sua própria estimulação. Como isso se torna um ritual diário – Matthew terminando a tarefa no centro de atividade em primeiro lugar, e depois perturbando outras crianças, e depois perambulando pela sala e, finalmente sendo mandado para o canto de espera –, os outros alunos começam a ver Matthew como alguém fora da comunidade da sala de aula. Desse modo, no jardim da infância ele já tem a reputação de "menino mau". A menos que alguém, ou alguma coisa, intervenha, essa percepção de Matthew provavelmente irá segui-lo por toda sua vida escolar e se tornar uma profecia auto-realizável.

Na próxima sessão, vou tentar demonstrar como o ensino culturalmente relevante ajuda os alunos a trabalhar coletivamente por uma meta comum de excelência acadêmica e cultural. As formas como são administradas a estrutura social e a cultura da classe, afetam sua disposição para trabalhar por uma meta comum. Como poderia o ensino culturalmente relevante ter lidado com as situações dos eventos descritos?

Na primeira situação, aquela professora deveria ter procurado ajudar todos os alunos a desenvolverem altas habilidades porque a falha de um em alcançar altos padrões, se refletiria no grupo inteiro. Os alunos deveriam ter sido desafiados a propor estratégias para assegurar que todos os seus colegas de classe correspondessem às expectativas. Em vez de transferir a responsabilidade de ensinar Lamar para uma voluntária, aquela professora deveria ter usado a voluntária para trabalhar com alunos melhor sucedidos, enquanto ela mesma trabalharia mais intensivamente com Lamar.

Ao reconhecer que ambos, Lamar e Marcus, estavam fracassando em prosperar na turma, aquela professora deveria ter desenvolvido diversas estratégias para intensificar a aprendizagem dos meninos: talvez um horário regular de ensino individualizado, ou uma reunião com os pais dos meninos sobre como todos deveriam trabalhar juntos para melhorar suas habilidades de leitura, ou uma programação mais flexível de uma série de voluntários para leitura a fim de assegurar que os meninos recebessem instrução mais constante.

Na segunda situação, o ensino culturalmente relevante teria reconhecido a inteligência de Matthew como uma coisa positiva que podia ser usada para ajudar outros alunos. Se lhe fosse atribuído o papel de monitor ou parceiro dos alunos mais lentos, ele poderia ter se tornado a pessoa com recursos que ajudaria a todos a completarem as atividades determinadas mais rapidamente. Em vez de ser conhecido como "menino mau", Matthew poderia ter se tornado o aluno perfeito que os outros queriam ter para assisti-los. Dessa maneira, Matthew poderia ter desenvolvido uma compreensão mais profunda dos conceitos e habilidades que Cook estava tentando ensinar e reforçar.

Estamos todos no mesmo barco

Em seu estudo original, Rist revelou que a alocação dos alunos ocorre logo que eles entram na escola, e que o critério para distribuí-los muitas vezes é arbitrário (1970, p. 411-451). Alunos que fracassam em olhar, falar ou agir como o professor, estão em perigo de serem alocados nas faixas mais baixas (SPINDLER, 1982). A colocação nessas faixas mais baixas tende a significar menos atenção e instrução individualizada por parte do professor. Numa espécie de profecia auto-realizável, esses alunos que tiveram pouca instrução atuam em níveis baixos. Sua habilidade de ascender além desses níveis é prejudicada porque têm pouca atenção. Dessa forma, prosseguem num ciclo de desempenho escolar pobre, iniciado por um preconceito e predisposição de um professor com respeito a eles.

Por causa de um erro administrativo, eu acabei numa classe de inglês "básico" durante a época do primeiro ano dos dois anos básicos da faculdade. Alheia à maneira como os alunos eram distribuídos naquela escola, eu estava animada com a oportunidade de ficar numa turma onde os alunos afro-americanos eram a maioria.

Nas minhas turmas anteriores de inglês era dada ênfase em literatura e composição. Lemos Dickens, Hardy e Shakespeare. Mas nessa aula éramos treinados em gramática e ortografia. A cada semana fazíamos um teste de ortografia. Toda semana eu tirava 100. Na verdade, tirei um "A" em todos as tarefas que nos foram dadas. Todavia, no primeiro boletim minha nota era "C". Quando perguntei à professora sobre isso, ela sorriu e disse: "Porque Gloria, um 'C' é a maior nota possível nesta turma!".

Depois de uma rápida viagem até meu orientador, a localização do erro foi detectada. Fui mandada de volta para o meu justo lugar na turma preparatória de inglês da faculdade. A professora de inglês básico me disse que lamentava me ver sair e me desejava sorte. Saí daquela turma confusa e ferida. Por que a professora não admitiu que eu tinha a capacidade de mudar dali? E ainda mais importante, por que meus colegas de turma não sabiam que seus esforços seriam recompensados apenas com notas medíocres, não importando o quanto trabalhassem?

A aprendizagem cooperativa se tornou uma resposta comumente aceita para a designação do grupo de habilidade (SLAVIN, 1987, p. 7-13). Baseia-se na premissa de que os alunos podem e devem aprender juntos e um com o outro. As técnicas associadas à aprendizagem cooperativa estão sendo usadas em muitas salas de aula. Cada um dos professores que participou do meu estudo usa alguma forma de técnicas de aprendizagem cooperativa para ensinar. Todavia, a ideologia implícita no uso que fazem dessas estratégias é preparar seus alunos para o crescimento coletivo e libertação. Em vez de promover a importância da realização individual, os professores encorajam seus alunos a trabalhar dentro de uma estrutura coletiva e recompensar com mais freqüência os esforços do grupo que os individuais. Mesmo em discussões sobre heróis ou modelos na vida real, vários professores revelam a estrutura básica e o suporte do grupo, que impulsionam os indivíduos para a excelência.

Por exemplo, em vez de permitir que seus alunos recorram a histórias românticas tradicionais sobre a pessoa de Rosa Parks – a costureira que se tornou ativista dos direitos civis –, Dupree fornece a seus alunos um quadro mais preciso:

> Já sei que seu livro fala sobre Rosa Parks como uma costureira com pés cansados, que um dia decidiu se sentar num banco de ônibus. Mas isso não é a história *completa*... Veja você, Rosa foi uma ativista. (Escreve a palavra "ativista" na lousa). Isso significa que ela foi alguém que não esperava as coisas acontecerem. Fazia as coisas acontecerem! Durante anos Rosa esteve indo a um lugar chamado Highlander Folk-School (escreve "Highlander Folk-School" no quadro), aprendendo como educar negros na sua luta contra o racismo. Era membro do NAACP (National Association for the Advancement of Colored People) local e estava apenas esperando uma oportunidade para confrontar o racismo. Era uma mulher com um plano.

Essa história nos ensina que não podemos simplesmente fazer alguma coisa sem pensar antes. Você não pode fazer coisas para as quais não está preparado. E provavelmente você não pode fazer muito sozinho. É assim que fazemos as coisas acontecerem – trabalhando juntos.

A relação professor-aluno na sala de aula culturalmente relevante é flexível e "humanamente justa"

Na turma de Peggy Valentine esse tipo de relação (WILSON, 1972, p. 374-389) às vezes quer dizer que ela se senta na carteira de um aluno e incita um dos seus alunos afro-americanos a ir à frente da sala e ser o professor. "Muito bem, você é o professor", diz ela. "Explique-me o que você pretende. Ensine-me como fazer". O aluno começa a explicar a Valentine um processo ou um conceito. Durante a explicação, Valentine levanta a mão pedindo ao aluno-professor que vá mais devagar ou explique novamente alguma coisa. Às vezes ela toma notas freneticamente. Outras vezes ela encara o aluno com um olhar intrigado. Com a habilidade de um professor experiente, o aluno sonda Valentine perguntando se ela entende. O alcance e a variedade de áreas onde Valentine requer que seus alunos apresentem liderança é amplo; algumas vezes ela pergunta sobre matemática e linguagem, em outras solicita detalhes sobre a cultura dos alunos, por exemplo, qual é a letra de uma canção popular ou o que ela significa. Os alunos estão acostumados a vê-la no papel de aluno e a eles, no papel de professor, e sentem-se confortáveis com essa inversão de papéis.

Patricia Hilliard define seu relacionamento com os alunos como o de uma família ampliada. Todo ano escolar começa com a definição de "contrato indefinido". Ela é flexível em relação às expectativas específicas da sala de aula e ajuda os alunos a formularem expectativas que possam alcançar e conseqüências com que podem viver. Além disso os alunos formam "grupos de família ampliados" dentro da sala de aula e até inventam nomes para as famílias. As únicas proibições que Hilliard estabeleceu quanto aos nomes são que eles não podem ser ofensivos ou ter conotações de gangues. Nos seus grupos os alunos são responsáveis por monitorar os trabalhos acadêmicos e o comportamento pessoal uns dos outros, e por resolver os problemas do grupo. Os membros da família podem conversar uns com os outros e fornecer assistência acadêmica. Apesar de os testes serem individuais, os resultados dos testes refletem na família toda. Um debate de Hilliard acontece assim:

Hilliard: O que acontece na sua casa quando você faz alguma coisa boa?

Aluno: Minha mãe fica realmente contente.

Hilliard: Como você sabe que ela está contente?

Aluno: Algumas vezes ela me abraça e me beija. Algumas vezes ela apenas sorri e me diz.

Hilliard: Certo! E é isso que vamos fazer aqui. Quando um "membro da sua família" faz um bom trabalho, você vai mostrar a ele ou a ela quanto você está orgulhoso. E quando alguém não fizer um bom trabalho, você não vai rir dele ou provocá-lo. Você vai fazer tudo o que pode para ajudá-lo a fazer melhor. Quando um de nós se sai bem, todos nós nos saímos bem. Quando um de nós fracassa, todos nós fracassamos.

O ensino culturalmente relevante envolve o cultivo do relacionamento além das fronteiras da sala de aula

Meus pais raramente vinham à escola. Com exceção de uma produção especial dos alunos ou uma reunião de pais e professores que aconteciam à noite, eles não vinham à escola. "Seu trabalho é ir bem na escola", minha mãe insistia. Nunca recebi dinheiro ou incentivos por boas notas. Boas notas eram esperadas. Contudo, o comportamento era mais importante que as notas. "Mesmo se você for burra você pode se sentar imóvel e se comportar", minha mãe dizia. Bilhetes do professor ou telefonemas sobre o comportamento não eram permitidos.

Em minha casa, a porta do prédio da escola era uma entrada para crianças, um limite para os pais. Mas meus pais tinham mesmo acesso aos professores. De fato, a segregação racial significava que vários dos meus professores moravam na, ou perto de, minha vizinhança. Freqüentavam nossa igreja. Faziam compras nas lojas da vizinhança. Eram clientes freqüentes dos barbeiros e dos salões de beleza locais. Eram numerosas as oportunidades para interagir com meus pais e mantê-los a par do meu desempenho escolar. Meus professores me conheciam como aluna e como pessoa.

Porque muitos alunos afro-americanos moram e freqüentam escolas em comunidades que seus professores nem moram, nem escolhem freqüentar depois do horário escolar, segue-se que poucos têm a oportunidade de interagir com seus professores fora da sala de aula. Professores que praticam métodos culturalmente relevantes trabalham para encontrar maneiras de facilitar essa interação fora da escola (ou, no mínimo, fora da sala de aula).

Elizabeth Harris cultiva relacionamentos com seus alunos que ultrapassam as portas da sala de aula. Como membro ativo da igreja local, confia decisivamente no compromisso com sua fé para ajudá-la pedagogicamente:

> Você tem que entender que estar com as crianças durante cinco ou seis horas por dia não é exatamente o bastante para o tipo de impacto que quer ter sobre elas. As besteiras a que elas estão expostas na televisão e no cinema, a música, as ruas... tudo isso está disputando seus corações e suas mentes. Elas precisam de uma chance de experimentar coisas e viver suas vidas por caminhos que as alimentem. Sei que não estou aqui para tentar convertê-las, quero dizer, religiosamente, mas eu realmente sinto uma obrigação de dar a elas um vislumbre se seu lado espiritual.

A fim de fornecer esse vislumbre espiritual, Harris pede aos alunos que estão interessados em freqüentar a escola dominical que mandem seus pais telefonarem para ela em casa. Neste semestre, dois pais se mobilizam e ligam. Harris providencia pegar as crianças na manhã de domingo. Leva seus dois afilhados a um restaurante *fast-food* local para o café da manhã, e depois para a escola dominical. Como sua professora na escola dominical, Harris não apenas transmite os princípios de sua fé, mas também trabalha a leitura, escrita e conversação com os alunos. Pela manhã de segunda, a notícia sobre o café da manhã de graça se espalha, e vários outros alunos perguntam se eles podem ir da próxima vez. Harris lembra novamente a eles que seus pais devem telefonar antes. Dentro de três semanas, oito ou nove alunos estão freqüentando regularmente a aula de Harris na escola dominical. Agora ela providencia que os alunos se encontrem na frente da escola pública e ela e seu marido vão buscá-las. O rápido café da manhã abre caminho para um prazer especial, como bolinhos ou sonhos na escola dominical. Perto do fim do ano, quase metade de seus alunos freqüentou a escola dominical pelo menos uma vez. Vários alunos não se encontram mais na escola mas vão direto para a aula da escola dominical, levando consigo um ou mais de seus irmãos.

Harris fala sinceramente sobre equilibrar seus papéis como professora funcionária pública e dedicada operária da igreja:

> Sei que preciso ter cuidado com essa coisa de religião. Eu a ofereço como uma sugestão às crianças apenas uma vez. Não os persigo sobre isso. Não penalizo ninguém por não ir e, na aula, não dou privilégios especiais àqueles que vão. Você sabe, a maioria dessas crianças esteve na igreja antes, mas estamos vivendo numa época onde os pais estão tão cansados quando chega o fim de semana, que a escola dominical é a coisa mais distante de suas mentes. Quero apenas fazer tudo o que posso para conseguir conhecer as crianças melhor. A aula da escola dominical me dá a chance de trabalhar com elas sem a pressão de notas e testes. Você sabe, elas estão aprendendo todo o tempo.

Atuante em sua igreja, Julia Devereaux usa outros arranjos para interagir com seus alunos fora da sala de aula. Chefe de Escoteiras por muito tempo, Devereaux efetivamente recruta as meninas de sua turma para o seu grupo.

> Eu apenas trago para cá todas as informações da associação e digo às meninas como o escotismo pode ser maravilhoso. Francamente, no momento eu que descrevo os pernoites – acampamentos noturnos – e a festa de patinação, todas dizem que querem entrar no grupo. Não são todas que dão continuação, mas o bastante delas faz de modo que pareço ver as crianças da minha escola todos os dias! (Ela ri).

Além do Escotismo, Devereaux regularmente convida alunos para jantarem na sua casa ou para o almoço de sábado. Eles interagem com os filhos dela, especialmente sua filha adolescente e seu filho de oito anos. (Sua filha mais velha não mora mais em casa). Conhecida por seu apetite saudável, planeja atividades de classe que incluam alimentos. Quando seus alunos estudam sobre costumes e tradições celebrados por afro-americanos, Devereaux os ajuda a planejar um jantar afro-americano típico. À medida que saboreiam os vários pratos, os alunos são solicitados a aprender sobre o significado dos alimentos. Seus alunos falam com autoridade sobre inhames, quiabo, feijão fradinho como artigos de consumo afro-ocidentais. Falam sobre o porquê de a carne de porco ter se tornado tão predominante na dieta afro-americana, e dos perigos à saúde associados ao consumo de alimentos com altos níveis de gordura e de sódio. Vários alunos pesquisaram sobre a incidência de pressão alta e derrames entre afro-americanos. Devereaux vê esses "festivais de alimento" como uma forma integrada de ensinar uma variedade de coisas:

> Os alunos estão sempre sendo culpados por coisas que não sabem. Quer dizer, as pessoas irão se queixar de que as crianças são selvagens na lanchonete, mas quantas oportunidades elas têm na escola de se sentar, comer uma refeição decente apresentada de maneira atraente, e ter uma conversa polida? Quando temos nossas poucas atividades de alimentos, tento fazer com que sejam realmente atraentes. Temos toalhas individuais, guardanapos, os apetrechos todos. Você pensaria que estava sentada num extravagante restaurante do centro comercial da cidade. (Ela ri.)

Patricia Hilliard também estrutura parte de seu relacionamento social com os alunos em torno de alimento e refeição. Uma vez por semana, seleciona um grupo de quatro ou cinco deles para juntar-se a ela no almoço. É dado um bilhete aos alunos – cuja grande maioria participa do programa de almoço gratuito da escola – para ser levado à lanchonete, que lhes permite pegar seus almoços e trazer para a sala de aula. Quando voltam com seus almoços, verificam que Hillary preparou uma mesa com toalhas individuais e guardanapos. Os alunos sentam-se à mesa e conversam com Hillary enquanto almoçam. Os trinta a quarenta minutos são passados em conversa sobre as vidas e interesses dos alunos e de Hillary. Não há quase nenhuma conversa sobre a escola ou trabalhos escolares. Eles se tornam um grupo de amigos almoçando juntos.

> Acho que uso essa coisa do "grupo de almoço" por uma série de razões. Antes de qualquer coisa, é uma maneira de conhecer os alunos. O ritmo da sala de aula é tão frenético que você dificilmente tem tempo de vir a conhecê-los como pessoas. Também uso isso para me ajudar com a disciplina. Você sabe, acho que a coisa que causa problemas de disciplina é que nós simplesmente não conhecemos as crianças bem o bastante. Não sabemos o que os faz tiquetaquear... do que eles gostam, do que eles não gostam... e elas não se conhecem muito bem entre si. Acho que é o que contribui para brigarem uns com os outros.

É interessante notar que esse encontro na hora do almoço pode estar violando o código estadual de educação que diz alguma coisa semelhante a exigir que os alunos tenham pelo menos trinta minutos de almoço longe de seus professores. Também pode violar o contrato sindical dos professores, o qual exige que professores tenham quarenta e cinco minutos livres para almoço. Ambas, Devereaux e Hilliard, comentam que têm "convenientemente ignorado" essas regras e orientações que interferem com sua capacidade de conhecerem melhor seus alunos.

Professores com práticas culturalmente relevantes são cuidadososem demonstrar uma relação de proximidade com cada um de seus alunos

Em vez de relações idiossincrásicas ou individualistas com certos alunos, esses professores trabalham para garantir a cada aluno sua importância individual (FOSTER, 1991, p. 70-97; MURRELL *in* FOSTER, 1991, p. 205-225). Embora tenha sido sugerido que professores favoreçam inconscientemente aqueles alunos percebidos como mais parecidos com eles próprios (ou com algum ideal) em raça, classe e valores, o ensino culturalmente relevante significa trabalhar conscientemente para desenvolver pontos em comum com todos os alunos (RIST, 1970, p. 449; SPINDLER, 1982, p. 29).

Margaret Rossi reconhece que porque é branca, mulher e ex-freira, perece ter pouco ou nada em comum com sua turma de alunos afro-americanos, a maioria dos quais é de baixa renda, e poucos deles são católicos. No entanto, Rossi desenvolveu uma técnica para provocar os alunos, para compartilhar seus interesses e para incutir neles novos interesses. Todo começo de ano escolar, dá a cada aluno um "questionário de sondagem". Além de reunir informações atualizadas e importantes sobre seus endereços, números de telefone, datas de aniversário, Rossi descobre o que os alunos fazem fora da escola, como passam seu tempo de lazer e quais os assuntos de que gostam ou não gostam.

> Tento descobrir o máximo que posso sobre os alunos no começo do ano escolar, assim posso planejar um programa instrucional que os motive e vá ao encontro de às suas necessidades. Você ficaria surpresa com quantas crianças me dizem que ninguém jamais se incomodou em sequer perguntar do que elas gostam. O questionário de sondagem também é uma ótima maneira de aprender um pouco sobre seus níveis de leitura e escrita. Acho que, numa comunidade como essa, é difícil para alunos da sexta série confiarem em alguém, especialmente em uma pessoa branca. Mentiram para eles muitas vezes. Eu não os culpo por não quererem se abrir comigo de imediato. Mas eles começam a ver, cedo o bastante, que levo a sério as informações que me dão.

Levar "a sério" as informações dos alunos significa que Rossi reconhece o aniversário de cada aluno enviando um cartão pessoal. De manhã, sem muito alarde, ela coloca um cartão de aniversário na carteira do aluno e anuncia o aniversário para a turma. Alunos de escolas da classe média têm uma experiência semelhante a partir das primeiras séries. Ao chegarem na sexta série, esse tipo de ritual de aniversário pode ter pouco ou nenhum significado para eles. No entanto, o reconhecimento de Rossi geralmente causa um sorriso e um agradecimento de seus alunos pré-adolescentes. Esses reconhecimentos pessoais fortalecem a percepção de si mesmos, por parte dos alunos – eles são vistos por seu professor como uma "pessoa real".

Esses pequenos atos de gentileza e civilidade parecem comuns para aqueles que se acostumaram a esperá-los como parte da vida. Contudo, para muitas crianças da região central da cidade, esse não é o caso. Numa visita recente a uma grande cidade do meio-oeste, assisti a uma aula de estudos sociais da oitava série de uma escola fundamental do centro da cidade A população da escola era 85% a 90% afro-americana.

Pedi aos alunos que me explicassem o currículo de sua aula. Eles rapidamente recitam uma ladainha de tópicos típicos de estudos sociais da oitava série. "Oh, você sabe", começou uma menina, "a constituição: o preâmbulo e as emendas, os artigos da Confederação, coisas como essa".

Observei que as coisas que ela mencionou não pareciam especialmente emocionantes, ainda que os alunos parecessem gostar da aula. "Do que vocês gostam nessa aula?"

"Da professora!", responderam em uníssono.

"Do que vocês gostam na professora?", sondei.

"Ela nos escuta!"

"Ela nos respeita!"

"Ela deixa que expressemos nossas opiniões!"

"Ela nos olha nos olhos, quando fala conosco!"

"Ela sorri para nós!"

"Ela fala conosco quando nos encontra no corredor ou na lanchonete!"

Suas respostas pareceram tão comuns. Eles estavam descrevendo simples atos humanos de gentileza, ainda que fosse evidente que muitas de suas experiências escolares tivessem sido desprovidas de tais gentilezas. À medida que refletia sobre o ensino culturalmente relevante, estive observando que durante três anos eu me sentia estimulada pelo fato de que pude documentar esse tipo de reafirmação da humanidade dos alunos em todas as turmas que observei. Mesmo quando os alunos eram repreendidos, sua dignidade e humanidade básica não eram atacadas. Como na idéia asiática de honra pessoal (e familiar), os professores sempre encontraram um meio de garantir que os alunos não "perdessem o prestígio".

Outra maneira pela qual Margaret Rossi incorpora os interesses dos alunos dentro da sala de aula é decorando as paredes com cartazes dos seus heróis dos esportes e artistas de cinema favoritos. Os cartazes servem como estímulo para seus textos. Rossi incentiva os alunos a escreverem cartas e ensaios sobre essas celebridades. À medida que os alunos se acostumam mais a escrever essas peças, Rossi os ajuda a usarem suas habilidades de escrita para compor cartas editoriais para jornais.

Movimentando-se dessa maneira, partindo dos interesses dos alunos e da cultura da comunidade para usos mais amplos desses interesses, Rossi melhora desempenho acadêmico dos alunos.

Professores com práticas culturalmente relevantes encorajam a comunidade de aprendizes

Encorajar a comunidade de aprendizes (LADSON-BILLINGS *in* FOSTER, 1991, p. 227-244) significa ajudar os alunos a trabalhar contra a norma do individualismo competitivo (DREEBEN, 1968, p. 23). Os professores acreditam que os alunos devem se importar não apenas com seus próprios desempenhos mas também com o desempenho dos seus colegas de classe.

Como já foi mencionado, Patricia Hilliard torna sua turma uma "família ampliada":

> Uso a metáfora da família porque eu realmente acredito nela. Quando as crianças são malvadas e desrespeitosas umas com as outras, lembro a elas que estão mostrando aquele desrespeito para com um dos seus irmãos ou irmãs. Você deve semear nelas essa noção, repetidamente. Perece excessivo, mas é a maneira como ensino a elas a ter um bom relacionamento. Também preciso lembrar a mim mesma que somos uma família. Quero dizer, às vezes me pergunto "O que eu faria se essa criança fosse um dos meus filhos?" Essa é uma medida muito boa de como devo tratar meus alunos.

As idéias de Hilliard e de outros professores sobre construir uma família ampliada são consistentes com algumas obras psicológicas que refutam a noção de baixa auto-estima entre alunos afro-americanos. Essa visão sugere que as relações dos afro-americanos com as normas culturais africanas corroboram uma visão do "eu" muito diferente: "Algumas visões não ocidentais, especialmente a africana, colocam uma ênfase completamente diferente no eu, concebendo o eu como algo que surge como uma conseqüência da existência do grupo... A visão de mundo africana sugere que 'eu sou porque *nós* somos, e porque *nós* somos, eu sou'. Nessa ênfase, essa visão não faz uma distinção real entre eu e outros. Eles são, em certo sentido, um e o mesmo.... Portanto, a identidade de alguém é sempre a identidade do *povo*, ou o que poderia ser chamado de eu estendido" (NOBLES, 1973, p. 11-31).

Ann Lewis usa a construção de uma comunidade de aprendizes para outro nível. Como foi mencionado no Capítulo Três, Lewis planeja uma viagem de acampamento no começo do ano escolar, para solidificar o senso de cooperação e independência que acha ser crucial para o tipo de sala de aula que crê funcionar melhor para seus alunos. Acredita que esse "senso de equipe" que os alunos cultivam durante a viagem de acampamento se transfere para a sala de aula.

A viagem de acampamento de Lewis é parte de um amplo programa de educação ambiental patrocinado pela secretaria de educação do município. Originalmente designado para ensinar educação ambiental e promover a não segregação (alunos de escolas de todo o município usam o acampamento), o acampamento dá a Lewis uma oportunidade de ensinar a seus alunos algumas habilidades cooperativas importantes:

> Não são muitas as pessoas que apreciam a idéia de estar na floresta com vinte e sete crianças, por uma semana. Eu não tenho tanta certeza de que eu mesma aprecie essa idéia. Mas é muito importante para ajudar as crianças a verem que estamos nisso todos juntos. Não é como se eles não soubessem o que é trabalho de equipe. Eles jogam em times esportivos e cantam juntos no coro da igreja, esse tipo de coisa. Mas, você sabe, eles não pensam na sua sala de aula como um lugar onde podem ser membros da equipe.

Professores com práticas culturalmente relevantes encorajam os alunos a aprender cooperativamente e esperam que eles ensinem uns aos outros e assumam responsabilidade uns pelos outros

Apesar da superabundância de programas e atividades que adotaram aspectos de ensino cooperativo como estratégias de ensino, muito pouca cooperação real é ensinada e exigida na sala de aula (COHEN; BENTON, 1988, p. 10-17, 45-46; SLAVIN; MADEN, 1988, p. 4-13). Os alunos podem ter oportunidades de trabalho em grupo, mas o que os professores consideram como comportamento cooperativo recai, mais exatamente, na categoria de complacência ou conformismo. O ensino culturalmente relevante defende o tipo de cooperação que leva os alunos a acreditar que não podem ser bem-sucedidos sem receber ajuda de outros ou sem ajudar outros.

Gertrude Winston acha que o caráter cooperativo de sua turma é compatível com a cultura dos lares de seus alunos:

> Eu tenho a sensação de que não há muita competição entre irmãos em casa, então na sala de aula compartilhamos muito. Todos ajudam a todos

a terem sucesso. Os alunos estão sempre querendo ajudar mais alguém a aprender alguma coisa.

Além disso, Winston diz que aprendeu uma importante lição sobre o espírito cooperativo quando começou a ensinar crianças afro-americanas:

> Notei um alto grau de dedicação que os jovens negros têm para com os irmãos. Quero dizer, quando distribuo alguma coisa, eles sempre guardam uma parte para levar para casa e partilhar.

Winston normalmente faz duas festas em sua turma, uma no Dia das Bruxas e uma no Natal. Neste semestre os alunos foram voluntários para trazer presentes para partilhar com seus colegas de classe no Dia das Bruxas. Winston comprou e trouxe todos os presentes para a festa de Natal. Na sua primeira festa de Natal com os alunos afro-americanos, Winston trouxe o que achou que seriam presentes mais que suficientes para a turma. Mas tão logo ela acabou de distribuir as balas, vários alunos começaram a pedir mais. Quando ela perguntou o que eles haviam feito com os presentes que ela havia distribuído, os alunos mostraram que os haviam embrulhado a fim de levar para casa, para algum membro da família. Agora estavam pedindo alguma coisa para eles mesmos.

> A partir daquele dia, sabia que tinha que comprar duas vezes mais balas e presentes para as crianças. Não importa o que temos, ou quanto tento dizer a eles de outro modo, eles têm certeza de que aquela primeira porção vai para aquele irmão ou irmã ou priminho. Eu acho isso bonito. É nisso que consiste dedicação e cooperação, colocar os desejos e necessidades de mais alguém antes do seu próprio.

Para Pauline Dupree, cooperação estudantil e responsabilidade mútua são obrigatoriedades. A sala de aula de Dupree é rigorosa e exigente. Os alunos lêem e escrevem muito todos os dias. As tarefas e atividades parecem não ter fim. Intencionalmente, não há como completar tudo o que ela dá para eles fazerem sem nenhuma cooperação. Desse modo, Pauline exige que cada aluno tenha um "companheiro de estudo".

> Desde o dia em que chegam na minha sala, eles sabem que têm que escolher um companheiro. Esse é seu companheiro de aprendizado para o ano. Muitas vezes, quando o aluno está tendo dificuldades, chamo o companheiro à minha escrivaninha e realmente dou a ele, ou ela, uma repreensão. "Por que você está deixando seu companheiro se esforçar assim? Que tipo de parceiro é você? Você deveria ser o ajudante". Dentro

de poucos meses, começo a ver um vigiando o outro. Um aluno vai hesitar antes de entregar seu trabalho e vai checar, para ter certeza de que seu companheiro está indo bem. Eventualmente, começam a checar muito cuidadosamente e podem descobrir alguns erros que eles mesmos cometeram. Ter o companheiro é, realmente, apenas um outro nível de aprendizagem. Aqueles que ajudam estão, na realidade, ajudando a si mesmos.

Uma das preocupações que os professores demonstram sobre estimular tais estruturas cooperativas na sala de aula, envolve como avaliar indivíduos quando o foco está no grupo. Nenhum dos professores neste estudo vê isso como um problema. Eles apontaram que os professores têm uma riqueza de informações sobre as habilidades e níveis de desempenho dos alunos. Na verdade, demonstram preocupação com a dependência excessiva dos testes padronizados como uma medida verdadeira do desempenho do aluno. Gertrude Winston comenta:

> Não acho que alguém alguma vez mediu realmente o que as crianças sabem. Eles dão testes que não têm nada a ver com o que estamos tentando fazer. Nunca dão um teste que meça a capacidade da criança de refletir sobre um problema difícil, de surgir com uma variedade de soluções. Algumas de nossas crianças têm muita inteligência. Elas viram muitas coisas, passaram por muitas coisas. Você tem que ser brilhante para passar pelas dificuldades que muitas dessas crianças passaram. Mas você sabe que eles não vão fazer um teste que meça esse tipo de coisa.

O tipo de ensino defendido por essas professoras busca ajudar os alunos a verem a construção da comunidade como uma prática para toda a vida, que extrapola os limites da sala de aula. Viver numa comunidade destruída pelas drogas, desemprego, subempregos, altas taxas de evasão, alta criminalidade e pobreza, gera um pessimismo inato nas crianças. Elas fracassam em ver como podem ser bem-sucedidas, a não ser que isso seja à custa de outros. Desse modo, os professores precisam trabalhar duro para ajudá-las a ver além da destruição causada pela negligência federal, estadual e municipal em relação às forças reais de sua comunidade.

Na turma de Ann Lewis, um aluno observou: "Odeio essa comunidade. Mal posso esperar até crescer e sair dela". Lewis calmamente perguntou: "Você odeia seus pais? Você odeia a igreja que freqüenta? Você odeia os amigos que brincam com você todo dia? Você me odeia?". Para cada uma dessas questões o aluno respondeu que não. Lewis explicou a ele (e, é claro, para o resto da turma) que todas essas coisas que ela mencionou constroem a verdadeira comunidade. As drogas e o crime invadiram a comunidade e se os alunos não aprenderem a construí-la, isso vai infestá-la. Em vez de sugerir aos alunos que sua educação deveria tirá-los de sua comunidade, Lewis estava reforçando a idéia de que a educação lhes daria o poder de transformar sua comunidade no que eles queriam que ela fosse.

Segurança psicológica é uma marca de cada uma dessas salas de aula. Os alunos se sentem confortáveis e apoiados. Percebem que a maior infração que podem cometer é trabalhar contra a unidade e coesão do grupo. No entanto, o senso de solidariedade ou "espírito de equipe" não pode ser usado como uma desculpa para um indivíduo seguir o grupo com falta de cuidado. Os professores regularmente desafiam indivíduos a confrontarem o modo de pensar do grupo para garantir que os mais altos padrões – intelectual, cultural e ético – sejam mantidos.

A sra. Valentine usa atividades de uma inovação curricular dos anos 1970, conhecidas como *clarificação de valores*, que foi baseada na premissa de que todos os alunos vêm para a escola com valores e que é o papel do professor ajudar os alunos a compreender e esclarecer esses valores. Em vez de tentar moldar ou doutrinar os alunos com um conjunto específico de valores, o currículo serve para ajudar os alunos a examinarem o que acreditam e porque acreditam (RATHS *et al.*, 1987; SIMON; KIRSCHENBAUM, 1972). Durante uma observação, Valentine contou a história do Rio Alligator. A história é sobre um dilema moral. Resumindo, uma menina chamada Abigail tentava ganhar o amor de um menino chamado Gregory. Numa tentativa de provar seu amor e lealdade, Abigail promete levar os óculos de Gregory para consertar do outro lado do Rio Alligator. Porque a ponte havia sido levada pelas águas, Abigail pede a um menino chamado Sinbad para transportá-la de balsa até o outro lado. Sinbad concorda, com a condição de Abigail roubar um rádio para ele.

Abigail pede a outro amigo, Ivan, para ajudá-la a tomar uma decisão. Sem querer se envolver, Ivan diz a Abigail que não pode ajudar. Então Abigail concorda com os termos de Sinbad. Depois de roubar o radio, Sinbad a leva para cruzar o rio e ela manda consertar os óculos de Gregory.

Quando Abigail volta e diz a Gregory sobre o problema em que se meteu por causa dele, ele a rejeita. Diz a ela que não pode namorar uma menina que é uma ladra. Perturbada, Abigail procura conforto com outro amigo, Slug, que prontamente confronta Gregory e bate nele. A história termina com Abigail rindo de Gregory espancado.

Valentine pede a cada aluno para classificar os personagens da história, do mais até o menos repreensível. Quando todos os alunos terminam a sua classificação, devem se reunir em grupos, os quais, então, devem chegar a uma classificação do grupo. Nos seus grupos, os alunos devem apresentar argumentos convincentes para sua classificação pessoal, numa tentativa de influenciar os membros do grupo.

Os alunos de Valentine se envolvem em discussões animadas sobre seus pontos de vista. Apresentam argumentos fundamentados com exemplos da vida real para ilustrar seus pontos de vista.

Menina: Bem, eu acho que Abigail foi a pior, porque ela não sabia como pensar por si mesma. Quero dizer, se ela apenas usasse seu próprio cérebro, ela saberia que roubar o rádio era estúpido. Ela nem mesmo pensou no que aconteceria se ela fosse pega.

Menino: Mas Sinbad é quem foi realmente o mau, porque foi ele quem veio com toda a idéia ruim. Ele estava tirando vantagem dela, porque sabia o quanto ela queria uma carona. Conheço gente que tenta fazer isso. Quero dizer, dizem coisas como "É isso aí, vou lhe ajudar cara, mas você tem que fazer minha lição ou lavar minhas louças", ou coisas como essa.

Menina: Eu não estou dizendo que Sinbad não era mau, mas Abigail é mesmo a pior. Olhe, se ela apenas dissesse, "Ei, eu não vou mesmo roubar nenhum rádio pra ninguém", então a coisa toda teria acabado. Você deve ser capaz de enfrentar as pessoas quando elas jogam coisas idiotas na sua cara. Se eu fosse Abigail, eu diria, "Quem você pensa que eu sou? Eu só pedi uma carona. Se você não pode fazer isso, apenas diga não. Não tente me meter em problemas". Acho que Sinbad a respeitaria mais se ela simplesmente o enfrentasse. A mesma coisa acontece todo dia. Pessoas tentando levar você a fazer coisas que você sabe que são erradas – como pedir a você pra ficar numa esquina de olho na polícia, enquanto eles vendem pedras de crack. Agora, você sabe que é errado e você deve ser capaz de dizer "Não, não vou mesmo entrar nessa". Porque se você não diz, eles vão continuar vindo atrás de você, porque sabem que você é fraca, e a próxima coisa, você sabe, é estar sentada no Hillcrest (centro de detenção juvenil).

Embora essas atividades de clarificação de valores fossem originalmente destinadas a ajudar os alunos a compreenderem seus próprios valores, Valentine entende que elas são mais úteis para ajudar os alunos a tomarem decisões sobre quando concordar com o grupo e quando desafiá-lo. De acordo com Valentine,

> A tomada de decisão é uma das habilidades mais importantes que as crianças podem desenvolver. Elas confrontam tantos interesses conflitantes lá fora! Elas precisam aprender como trabalhar juntas na sala de aula e ter um senso de solidariedade, de modo que possamos realizar algumas coisas, mas não podem ter uma mentalidade de rebanho, que permite somente que acompanhem alguma coisa que o grupo determina. Não faço isso apenas como uma atividade que dá uma sensação agradável. Desenvolvemos muitas habilidades de conversação e de escrita à medida que realizamos essas atividades. Faço os alunos escreverem suas opiniões sobre as várias questões. Às vezes organizo debates em torno dos valores e atividades de interpretação de papéis. Minhas crianças tiveram tantas experiências que são desvalorizadas na sala de aula! Elas estão sempre em situações críticas, sem as habilidades para tomar decisões em benefício próprio. A sala de aula se tornou o tipo de lugar que as ajuda a lidarem com suas vidas *agora*, para que possam ter algumas opiniões, algumas escolhas, mais tarde.

Considerações finais

Em suma, na sala de aula, o ensino culturalmente relevante estimula os tipos de interações sociais que sustentam o indivíduo no contexto do grupo. Os alunos se sentem uma parte do esforço coletivo programado para encorajar a excelência acadêmica e cultural. Como membros de uma família ampliada, os alunos ajudam, apóiam e encorajam uns aos outros. O grupo todo sobe e desce junto. Desse modo, é do interesse de todos garantir que os outros membros do grupo sejam bem-sucedidos.

Há pouca recompensa para a realização individual à custa de outros. Mesmo quando os indivíduos se realizam sozinhos – dentro ou fora da sala de aula –, os professores enquadram essa realização em um contexto de grupo. Dizem coisas como: "Vejam o que aquele membro de nossa turma fez. *Nós* estamos orgulhosos disso, não estamos? Temos algumas pessoas brilhantes em nossa família, não temos?".

Por apoiar a comunidade acadêmica, os professores encorajam o sentimento de pertencimento que os jovens almejam. A "gangue da escola" torna-se uma alternativa viável para a gangue da rua.

O ensino culturalmente relevante favorece o sentido de humanidade e dignidade dos alunos. Nunca se duvida de sua personalidade como um todo. A auto-estima e o autoconceito são estimulados de maneira bastante fundamental, ao reconhecer o mérito individual de ser parte de um grupo adorável e que dá apoio.

Meus próprios professores me encorajavam e exigiam nada menos que excelência. Eles fizeram com que eu me sentisse inteligente e eu respondi. Mas ainda havia alguma coisa errada com a minha educação. Havia muitas crianças inteligentes na minha escola elementar, mas nem todos eles eram economicamente estáveis como eu – eu vinha de uma família da classe trabalhadora, com um pai que era operário e uma mãe que era balconista. Lembro-me de uma menina em especial; seu nome era Portia. Era a pessoa mais inteligente que eu já havia encontrado. Podia somar uma coluna de números com a velocidade da luz. Pensava muito à frente para sua idade. Mas quase nunca vinha para a escola com os cabelos penteados. Seus dentes não viam uma escova há anos, e muitas vezes ela cheirava a urina. Eu gostava dela porque era inteligente e tinha ótimo senso de humor. Não me incomodava que sua casa fosse escura, cheirasse estranho e tivesse móveis que pareciam com o tipo de coisas que as pessoas colocam na beira da calçada para serem coletadas com o lixo. Perdi contato com Portia depois da escola elementar. Ela não freqüentou a escola secundária para onde fui, no outro lado da cidade. A última vez que a vi foi na 11ª série. Portia estava grávida e havia abandonado a escola. Eu era tão inteligente quanto acredita ser, mas sabia que não era tão inteligente quanto Portia. Então, por que ela não estava indo direto para a faculdade? Por que ela ficou para trás na mistura acadêmica?

No próximo capítulo vou examinar como o ensino culturalmente relevante ajuda os alunos a compreender, confrontar, e produzir conhecimento. Em vez de ser visto como não problemático, o currículo escolar se torna algo em que tanto alunos como professores se empenham para produzir conhecimento. Por exemplo, o currículo de estudos sociais provavelmente sugere que os sindicatos trabalhistas agiram para defender os direitos dos trabalhadores. No entanto, alunos e professores podem vir de lares onde os pais e avós foram barrados por esses mesmos sindicatos. Em vez de descartar passivamente tanto a versão do currículo, como a experiência da vida real dos alunos e/ou professores, os professores sentem a responsabilidade de ajudar os alunos a enfrentarem as contradições.

Totalmente ciente de que painéis de currículos e conselhos escolares muitas vezes são acusados de decidir por um currículo simbólico projetado para satisfazer a comunidade ou às exigências de grupos de interesse (banir a educação sexual quando os alunos estão mergulhados numa sociedade saturada de sexo, por exemplo), o ensino culturalmente relevante envolve os alunos no processo de construção do conhecimento, de tal modo que eles possam fazer perguntas significativas sobre a natureza do currículo. O objetivo final é garantir que os alunos tenham um sentimento de posse do seu conhecimento – um sentimento que é fortalecedor e libertador. Como co-edificadores no processo de construção do conhecimento, são menos alienados deste, e começam a compreender que aprender é uma importante atividade cultural.

A árvore do conhecimento

sonho: n.1 uma seqüência de sensações, imagens, pensamentos, etc., passando pela mente de uma pessoa adormecida; n. 2 uma visão imaginária da mente consciente; devaneio; fantasia; imaginação; n. 3 profunda esperança ou aspiração.

Quase todo futuro professor tem conhecimento de uma taxonomia do ensino que situa o "conhecimento" no primeiro nível da cognição. Embora isto seja a pedra fundamental onde os outros níveis de cognição se apóiam, representa um nível básico de pensamento. Em geral o conhecimento é entendido por abranger memória básica e reconhecimento dos fatos.

Ainda assim, é sobre esse nível básico de aprendizagem que acontece grande parte do debate educacional.

Acadêmicos e professores, da mesma forma, estão começando a observar o conhecimento como uma construção social. Em 1970, Kuhn inovou em relação às idéias preponderantes no mundo acadêmico quando descreveu a maneira como todos os cientistas (sociais, comportamentais e naturalistas) produzem conhecimento e usam hipóteses culturais implícitas, perspectivas e estruturas de referências (KUHN, 1970). Em nenhum lugar essas hipóteses implícitas, perspectivas e estruturas de referências são mais preocupantes do que no currículo escolar.

Apesar de eu ter melhores notas em matemática e ciência, minha matéria predileta na escola secundária era estudos sociais. Insegura e desprovida de confiança em matemática e ciências, eu as estudava religiosamente. Recebia cada palavra do professor e do texto como verdade absoluta. Memorizava sistemas de classificação em biologia, tabelas periódicas em química, teoremas e postulados em geometria e fórmulas em álgebra. Na hora do teste, eu obedientemente repetia (na verdade, regurgitava) exatamente o que estava nas minhas anotações e no livro escolar. Para mim, matemática e ciências tinham a ver com "respostas certas". Mas estudos sociais era um material totalmente diferente.

Apesar de ter apenas educação de primeiro grau, meu pai tinha uma opinião esclarecida sobre assuntos históricos, econômicos e políticos. Ele argüia ambos, meu irmão e eu, sobre notícias no jornal ou nos noticiários da televisão. O mundo em processo de mudança do final dos anos 1950 e início dos anos 1960, foi uma mina de ouro para a provocação inquisitiva de meu pai. Li tudo que podia para entrar em debate com ele sobre todas as espécies de questões sociais.

A sala de aula de estudos sociais era um lugar para exibir meu intelecto. Era o lugar onde eu me tornava viva. Para o meu projeto final sobre história dos Estados Unidos, fiz um trabalho sobre o tráfico de escravos da África. Com a ajuda de um estudioso da história afro-americana e uma viagem à renomada coleção da Biblioteca Schomburg, em Nova York, escrevi o que acreditava ser um criterioso trabalho bem documentado. Meu professor nunca devolveu o trabalho, argumentando que o havia perdido. Insistiu que ele mereceu um "B". Nunca tive a chance de ver seus comentários manuscritos, mas dentro de mim sabia que aquele trabalho havia sido digno de um "A".

Nos últimos anos, tem havido debate sobre os conflitos entre o que tem sido respeitado como cânone literário e o que é fato histórico. Nesse momento, perguntamos se o cânone representa um conjunto cultural específico de compreensões ou verdades objetivas. Por exemplo, a civilização do Egito antigo era negra? E Colombo, descobriu, conquistou ou contatou? Estes tipos de questões deveriam apresentar desafios excitantes e oportunidades de aprendizado. Em vez disso, levaram a cáusticos debates e acusações de todos os lados, tanto sobre nosso sistema educacional, como sobre a civilização ocidental (HUGHES, 1992, p. 44-49).

No nível da universidade, os conservadores têm criticado severamente a idéia de que escritores afro-americanos – como Alice Walker – são mais ensinados que Shakespeare (um clamor empiricamente refutado por GRAFF, 1992). Dois livros lidos e citados mundialmente, *The Closing of the American Mind*, de Bloom (1987), e *Cultural Literacy*, de Hirsch (1987), conduziram o apelo por um retorno à tradição da civilização ocidental que "nos" salvaria dos "bárbaros que estão no portão".

Para os que defendem o multiculturalismo, as questões são: "Nós" se refere a quem? E "bárbaros" se refere a quem? No nível pré-escolar, os estados, incluindo Nova York e Califórnia, têm lutado com a tensão entre unidade e diversidade no desenvolvimento do currículo de estudos sociais (CORNBLETH, 1993, p. 31-37). Na Califórnia, a visão de unidade saiu ganhando, corrompendo o processo democrático através do qual os currículos e livros escolares acontecem (LADSON-BILLINGS, 1992). Em Nova York, a visão de diversidade ganhou, não graças à crítica mordaz de historiadores famosos, como Kenneth Jackson e Arthur Schlesinger, Jr. Os estudiosos e os membros da comunidade que argumentaram pela promoção de perspectivas diversas, foram taxados de "extremistas" e "demagogos".

No meio de todos esses argumentos, pais e professores são deixados com a tarefa de selecionar e implementar o currículo para alunos que, em última análise, devem ser preparados para sobreviver e prosperar numa sociedade democrática e multicultural. Ciente do impacto potencial que os pais de alunos do primeiro grau poderiam ter no currículo e na política escolar, Hirsch começou a traduzir suas idéias sobre um "currículo nuclear" em livros populares para os pais, tais como *What Your First Grader Needs to Know* (1991) e *What Your Second Grader Needs to Know* (1991).

No entanto, na maioria das comunidades de baixa renda e comunidades de cor, não é a comissão nacional, nem o conselho estadual, nem os distritos escolares locais, que afetam a educação dos alunos; são os professores. Quer aqueles a exercitem ou não, os professores de salas de aula (especialmente nessas comunidades) têm grande poder de determinar o currículo oficial.

Apple ressalta que grande parte do discurso sobre o currículo foi transferida "de um foco em *o que* deveríamos ensinar, para um foco em *como* o currículo deveria ser organizado, construído e avaliado" (1990, p. 526-530). Essa mudança de foco criou o que tem sido chamado de currículo "à prova de professor" e contribui para uma espécie de "desabilitação" dos professores. Em vez de estimular os professores a estarem preparados e desejarem se comprometer com o desenvolvimento do currículo e construção do conhecimento, o currículo à prova de professor encoraja e recompensa aqueles que seguem as instruções externas dos guias curriculares pré-embalados e predeterminados, livros escolares e aulas.

Este capítulo examina como o ensino culturalmente relevante rejeita o currículo à prova de professor e conceber conhecimento em sentido mais amplo.

Conceitos culturalmente relevantes de conhecimento

Como mencionado anteriormente, os estudiosos vieram a reconhecer conhecimento como construção social. Mas, infelizmente, o "conhecimento escolar" que a maioria dos alunos experimenta é apresentado como uma certeza. O papel e a responsabilidade dos alunos é meramente aceitar aquela certeza e reproduzi-la, oralmente ou por escrito. Mesmo com o clamor por um pensamento mais crítico, a memória continua a ser a habilidade mais recompensada nas salas de aula do país (JANKO, 1989, p. 543-544). Mas o ensino culturalmente relevante se empenha em ajudar os alunos a compreender e participar na construção do conhecimento.

Ensino culturalmente relevante considera conhecimento como algo que é continuamente recriado, reciclado e compartilhado.

Tabela 5.1. Concepções de Conhecimento.

Culturalmente Relevante	Assimilacionista
Conhecimento é continuamente recriado, reciclado e partilhado pelos professores e alunos. Não é estático ou imutável.	Conhecimento é estático e é transmitido em uma direção, do professor para o aluno.
Conhecimento é visto criticamente.	Conhecimento é visto como infalível.
Professor é entusiasmado pelo conteúdo.	Professor é isento, neutro sobre o conteúdo.
Professor ajuda alunos a desenvolver habilidades necessárias.	Professor espera que alunos demonstrem habilidades prévias.
Professor vê excelência como um padrão complexo que deve envolver alguns postulados mas leva em consideração a diversidade dos alunos e as diferenças individuais.	Professor vê excelência como um postulado que existe independentemente da diversidade dos alunos ou diferenças individuais.

O modo como Patricia Hilliard ensina é um modelo do tipo de ensino que vê o conhecimento como um processo evolutivo. Sua sala de aula é grande e pintada de amarelo brilhante e cheia de evidências do trabalho dos alunos por toda parte. Todos os tipos de recipientes – sacos plásticos de sanduíche, tigelas de plástico, cestos e caixas – guardam objetos de estudo, papéis, revistas e pastas dos alunos. A sala de aula é cheia de livros, muitos que têm ênfase em África ou afro-americanos, tais como *The Boy Who Didn't Believe in Spring*, de Lucille Clifton (1973), *Daydreamers*, de Eloise Greenfield (1981), e *Bringing the Rain to Kapiti Plain* (1981). Acima do quadro de avisos, grandes fotos mostram personalidades afro-americanas e latinas, tais como Nikki Giovanni, Jesse Jackson, e Cesar Chavez. Os alunos se sentam em grupos de quatro ou cinco quando estão trabalhando e podem trocar idéias uns com os outros em tom de conversa.

Na sala de aula de Hilliard cada aluno é um autor. Durante minhas visitas à classe os alunos estavam ansiosos para partilhar suas últimas "publicações". Apesar de ser uma fã da abordagem da escrita em processo (*process-writing approach*), defendida pelo Projeto de Escrita da Baia de São Francisco, Hilliard, como Delpit (1986, p. 379-385), é cautelosa com relação a uma abordagem que falha em tornar os alunos conhecedores do poder da linguagem e da linguagem do poder. A abordagem da escrita em processo encoraja professores e alunos a verem a escrita como um processo progressivo, em que múltiplos rascunhos são escritos e o conteúdo é mais valorizado do que as convenções de escrita. Desse modo, num primeiro rascunho, os erros dos alunos em ortografia, sintaxe e construção das frases não são de importância primordial. Mais propriamente, em rascunhos posteriores, se espera que os alunos melhorem tanto a forma quanto a substância de sua escrita:

> Fico muito enjoada e cansada de pessoas tentando me dizer que minhas crianças não precisam usar nenhuma linguagem além daquela que trazem consigo para a escola. Então, aquelas mesmas pessoas dão meia-volta e julgam negativamente as crianças por causa da maneira como se expressam. Meu trabalho é garantir que elas possam usar ambas as linguagens, que elas entendam que sua linguagem é válida, mas que as demandas que os outros colocam em relação a elas significam que terão que provar constantemente o seu valor. Passamos muito tempo falando sobre linguagem, o que ela significa, como você pode usá-la, e como ela pode ser usada contra você.

> *Na minha escola elementar todos os alunos sabiam a letra de "Lift Evr's Voice and Sing", que agora chamamos de hino nacional negro. Cantávamos tanto na escola, como na igreja. Sabíamos que sempre que ouvíssemos seus tristes compassos de abertura, deveríamos ficar de pé.*
>
> *Em uma recente cerimônia religiosa do Mês da História Negra, realizada na capela de uma prestigiada universidade, notei que quase nenhum dos alunos afro-americanos presentes sabia o hino nacional negro. Envergonhados, eles balbuciavam desajeitadamente o que achavam que podia ser a letra. Se não fosse tão trágico, teria sido divertido.*

Hilliard sabe o quanto seus alunos são apreciadores da música rap e da cultura hip-hop que impregna as estações de rádio e outras mídias populares. Numa tentativa de ajudá-los a ficarem mais à vontade com formas convencionais do inglês, Hilliard pediu a eles que votassem na sua canção favorita. Não foi surpresa para ela que muitos alunos escolhessem uma música rap do herói local e super astro M. C. Hammer.

> Fiquei realmente feliz quando as crianças escolheram Hammer, porque alguns dos outros são muito brutos. Você sabe, canções cheias de obscenidades e imagens negativas de mulheres. Pelo menos eu pude trabalhar com algumas das coisas de Hammer. (Ela ri.).

Hilliard copiou a letra da música e distribuiu o texto para os alunos no dia seguinte. Os alunos davam risadinhas de excitação ao verem impressa uma música que cantam muitas vezes. Vários começaram a recitá-la. Hilliard chamou a atenção dos alunos e pediu voluntários para falar o rap. Três meninos levantaram as mãos. Hilliard pediu a eles que viessem à frente da sala e interpretassem a canção.

Os três "artistas de rap" vieram à frente sem suas fotocópias do texto. Depois de uma breve discussão sobre como começar, eles "cantaram" (na verdade, recitaram) a canção, para o deleite dos outros alunos, muitos dos quais estavam balbuciando as palavras junto com eles. No final de sua interpretação houve aplausos estrondosos, tanto da turma como da professora. Hilliard agradeceu aos meninos por sua disposição de partilhar seus talentos. Explicou que apesar de ser sua professora e uma colega graduada, havia muito sobre a música que ela não entendia.

Perguntou se os alunos estariam dispostos a ajudá-la. Vários deram risada, mas todos pareciam desejosos de partilhar seu conhecimento. Hilliard colocou uma transparência com a letra da música no retroprojetor. Ela havia feito uma cópia com espaço duplo, de tal modo que pudesse escrever entre as linhas. Explicou aos alunos que estariam fazendo o que os intérpretes fazem quando traduzem de uma língua para outra.

Os alunos seguiram a letra do rap, linha por linha, e explicaram o que elas queriam dizer. Hilliard, cuidadosamente, passou as palavras informais dos alunos para uma forma mais convencional. De tempos em tempos colocava palavras em uma lista de vocabulário. Apesar de não ter pedido a eles, a maioria dos alunos copiou a versão de Hilliard nas suas próprias folhas. Depois da aula, Hilliard explicou seus objetivos para essa atividade.

> Continuaremos fazendo esse tipo de coisa durante todo o ano. Quero que as crianças percebam que elas têm algum conhecimento valioso para contribuir. Não quero que sintam vergonha do que sabem, mas também quero que saibam e se sintam confortáveis com o que a escola e o resto da sociedade requer. Quando coloco isso no contexto de "tradução" elas ficam animadas. Vêm que é possível passar de uma para a outra. Não significa que elas não estão familiarizadas com o inglês convencional... elas ouvem o inglês convencional todo o tempo na TV. Certamente é o que eu uso na sala de aula. Mas raramente há alguma conexão feita entre a maneira como falam e o inglês convencional. Acho que quando elas podem ver as conexões e sabem que podem fazer as mudanças, tornam-se melhores nas duas. São bilíngües!

Essa noção de que aqueles que falam a linguagem afro-americana são bilíngües é uma perspectiva decididamente diferente. Coincide com a discussão, no Capítulo Três, sobre a percepção que os professores têm dos alunos. Ao acreditar que seus alunos são capazes e instruídos, Hilliard reforça essa crença e suas altas expectativas em relação aos alunos. A linguagem que trazem com eles serve como uma ferramenta que os ajuda com o aprendizado de uma linguagem adicional, do mesmo modo que os que falam inglês convencional, usam o inglês para ajudá-los a aprender novas línguas.

Na turma de sexta série de Ann Lewis, a construção do conhecimento é uma atividade de tempo integral. Ann presta muita atenção ao debate sobre os novos currículos estaduais de história e ciências sociais. Uma área de disputa, a diluição das questões e preocupações multiculturais, foi de especial interesse para Lewis. Uma vez que o currículo estadual determinaria quais livros estariam disponíveis para os professores, sabia que ela e seus alunos não poderiam confiar nesses livros e teriam que desenvolver seu próprio programa de estudos sociais. Ela decidiu analisar uma das questões que surgiu do debate sobre o currículo com seus alunos: Os antigos egípcios eram negros?

Lewis escreveu essa pergunta em um grande pedaço de papel. Dividiu o papel em duas partes. De um lado, escreveu "Evidência corroborativa". De outro "Evidência não corroborativa". Os títulos eram consistentes com seu costume de usar vocabulário sofisticado com seus alunos.

Explicou aos alunos que conduziriam uma pesquisa para responder à pergunta sobre a raça dos antigos egípcios.

Lewis: Por que deveríamos nos importar se os egípcios eram ou não negros?

Primeiro aluno: Porque poderíamos provar que os negros fizeram grandes coisas.

Lewis: Mas já não podemos provar que os negros fizeram coisas importantes? Já não sabemos de muitos negros que fizeram coisas formidáveis?

Segundo aluno: Sim, mas você sabe como estão sempre falando sobre grandes coisas da Europa e como todas essas pessoas brancas fizeram tantas coisas importantes, mas você nunca ouve sobre grandes coisas da África. Falam sobre o Egito, mas falam dele como se não fosse África.

Lewis: Por que você acha que isso acontece?

Segundo aluno: Bem, porque todo mundo consegue ver as grandes coisas que os egípcios fizeram, como as pirâmides, por isso quando você fala apenas sobre Egito, pode ser que as pessoas não pensem sobre ele como uma parte da África.

Terceiro aluno: E o que isso prova?

Segundo aluno: Eu não disse que isso provava nada. Só estou dizendo que se você fizer as pessoas pensarem nos egípcios como brancos, então você vai pensar que apenas pessoas brancas podem fazer grandes coisas.

A discussão continua enquanto muitos alunos expressam suas opiniões sobre o Egito antigo. Alguns se referem a filmes que assistiram descrevendo os antigos egípcios como brancos. Quase todos os alunos assistiram a *Cleópatra* e *Os dez mandamentos*.

Lewis encoraja os alunos a levantarem mais questões, que anota na lousa. No fim da discussão, ela tem uma série de comentários dos alunos e perguntas que quer que eles investiguem para responder à questão inicial. Em seguida, pede aos alunos que sugiram maneiras para que possam encontrar as respostas a essas perguntas. Os alunos sugerem pesquisa na biblioteca, entrevistas com especialistas, filmes educativos. Ela pede a cada grupo de cinco ou seis alunos (havia cinco grupos na classe) para selecionar uma questão e discutir como dividiriam seu trabalho e iniciariam sua investigação.

A investigação para responder à questão sobre a raça dos antigos egípcios durou quase um mês. Na segunda semana, um dos grupos decidiu que a classe deveria se chamar "Projeto Imhotep". No curso dessa pesquisa, esse grupo havia descoberto Imhotep, o primeiro médico conhecido pelo nome, mais tarde elevado à condição de um deus.

Como resultado dessa longa investigação de um mês, os alunos de Lewis provavelmente aprenderam muito mais do que teriam aprendido com uma lição do livro escolar sobre o Egito antigo. E, apesar de não responderem conclusivamente a questão, acharam que a evidência que recolheram confirmando a negritude dos antigos egípcios era mais convincente que aquela que a refutava.

Um ponto interessante sobre a experiência dos alunos na sala de aula é que, nos debates de sociedades maiores sobre multiculturalismo, acadêmicos conservadores sugeriram que conhecer a raça ou etnia de figuras históricas pouco significa para aumentar o aprendizado dos alunos de cor. (Isso provavelmente seria verdade se o que todos os professores fizessem fosse recitar um rol de nomes de pessoas de cor – tangencial à história "real"). Mas, por criar a problemática de raça, Lewis ajudou os alunos a compreenderem que conhecimento não é algo escondido em um livro. Em vez de exigir que os alunos se lembrassem e recitassem alguns fatos predeterminados sobre o Egito antigo, ela os conduziu a uma aventura para responder uma questão que é importante para os alunos de cor.

No curso daquela investigação, os alunos aprenderam muitas outras coisas sobre a antiga civilização. Aprenderam porque ela era considerada uma grande civilização. Levantaram suas próprias questões sobre o Egito antigo. Confrontaram informações contraditórias e aprenderam que mesmo os especialistas discordam algumas vezes.

Majestoso e ilustre, meu professor de História Negra entrou na sala de aula da faculdade. Ele era um homem internacionalmente conhecido, tendo escrito muitos livros sobre a participação dos afro-americanos na formação dos Estados Unidos. Durante sessenta minutos, todas as segundas, quartas e sextas, nos sentávamos embevecidos enquanto a grandiosidade dos africanos e afro-americanos se abria para nós. Por que demorou tanto tempo para que aprendêssemos isso? E todas aquelas coisas ensinadas na escola secundária? Meus colegas afro-americanos da escola secundária que não continuaram até uma faculdade que ensinava essas verdades, estariam condenados a uma vida acreditando que seu povo nunca construiu nada, nunca fez nada, é nada?

Uma marca da noção culturalmente relevante de conhecimento é que ele é algo que cada aluno traz para a sala de aula. Alunos não são vistos como vasos vazios a serem preenchidos por professores oniscientes. O que eles sabem é reconhecido, valorizado e incorporado pela sala de aula.

Um tema comum em todas as minhas entrevistas com as professoras do meu estudo foi o reconhecimento de quanto os alunos sabem.

Pauline Dupree reconhece a ligação entre habilidade verbal e cognição. Em vez de se preocupar somente com a forma da linguagem dos alunos, ela está interessada no significado e sentido de suas palavras.

> Nossas crianças são muito verbais e muito brilhantes. Elas realmente podem começar um assunto e fazerem você pensar sobre ele de muitas maneiras diferentes.

Gertrude Winston expressa frustração quanto aos limites dos testes padronizados para medir acuradamente o conhecimento dos alunos. Em vez de estar preocupada com a memorização de informação trivial ou fora de contexto, ela reconhece a complexidade do conhecimento dos alunos. Essa sensibilidade para o conhecimento e habilidades dos mesmos, reflete seu sistema de crenças e pode ser vista na alta expectativa que mantém em relação a seus alunos.

Ninguém nunca mede realmente o que as crianças realmente sabem. Elas têm conhecimentos e habilidades que não aparecem nos testes padronizados – conhecimentos e habilidades importantes, o tipo de coisa que pode significar a diferença entre vida e morte.

As palavras de Ann Lewis são cheias de raiva sobre o decisivo futuro dos alunos no bairro. Ver crianças extremamente brilhantes na escola elementar fracassarem na escola secundária, inflama sua consciência política; ela viu por si mesma que os alunos são capazes.

> Nessa escola, trabalhei com crianças que eram gênios. É exatamente isso, gênios, mentes tão rápidas que você não pode acreditar, capazes de conceituar de maneira muito superior a dos professores que tive na faculdade. Eu simplesmente não consigo conciliar sua inteligência com o que aconteceu com elas na escola secundária (onde há um índice de evasão de 70% dos alunos deste bairro).

Para Lewis, o desempenho dos alunos na escola é menos relacionado à sua estrutura familiar, sua renda, ou sua raça, do que à sua habilidade de receber educação de boa qualidade. No entanto, ela tem bastante esperteza política para saber que a combinação da condição e raça dos alunos com desigualdades estruturais pode significar fracasso educacional. Acredita que os professores deveriam desempenhar um papel interveniente entre a vida dos alunos e a sociedade.

Como Ann Lewis, Patricia Hilliard reconhece o poderoso impacto negativo que uma educação de má qualidade tem sobre alunos como os dela. Ela é capaz de identificar suas forças intelectuais e motivações enquanto reconhece, simultaneamente, o modo como grande parte da educação deles serviu para desmotivá-los.

> Lecionei a todos os tipos de criança, ricas, pobres, brancas, negras. Alguns dos mais inteligentes jovens com que já trabalhei estiveram bem aqui, nesta comunidade, mas por muito tempo eles não acreditavam em si mesmos. A escola mina a vida deles. Você quer ver inteligência andando por aí em duas pernas? Simplesmente vá a uma turma de jardim da infância. Eles vêm para a escola com rostos frescos, cheios de curiosidade. Mas, por volta da terceira série, você pode ver quão duramente a escola os desencorajou. Você pode realmente ver isso nos meninos. Às vezes me pergunto o que exatamente estamos fazendo com essas crianças.

As convicções espirituais e religiosas de Elizabeth Harris demandam que ela veja o potencial de cada criança. Sua preocupação com honestidade e justiça está enraizada no seu cristianismo. Para ela, trabalhar com as crianças é uma responsabilidade "sagrada" e sua adesão à regra de ouro é inabalável.

> Pequenas flores de Deus, é assim que os chamo. Todos um pouco diferentes, mas todos tão doces. E exatamente como um jardim, a sala de aula tem que se tornar um lugar que os nutra. Nem todos eles precisam da mesma coisa. Um pode precisar de um pouco mais de luz do sol, outro um pouco de fertilizante. Alguns podem precisar um pouco de poda (ela ri) e alguns podem precisar perambular livremente. Eles são tão preciosos, e dói meu coração ao ver a maneira ofensiva como são tratados. Alguns professores acham que eles são difíceis porque têm vida dura, mas são tão frágeis como orquídeas de estufa.

A análise social liberal de Margareth Rossi está refletida em seu relacionamento dialético com seus alunos. Rossi entende que seu futuro está inextricavelmente ligado ao de seus alunos. Ao assegurar o sucesso deles, pensa, assegura o seu próprio. Talvez sua educação como freira tenha lhe dado uma perspectiva ética fundamentada na prática religiosa, como aquela de Elizabeth Harris.

> Não posso pensar em nada que qualquer um dos meus alunos pudesse fazer que me impedisse de lecionar a eles. Se mais professores compreendessem as conexões entre eles e seus alunos, poderiam sentir dessa mesma forma. Essas crianças são o futuro. Para mim, não há nenhuma maneira de eu ter um futuro seguro se eles não tiverem. Será preciso três deles para sustentar um de mim nos meus anos de aposentadoria. Eles devem ser capazes de assumir posições altamente qualificadas. Eles têm o poder da inteligência, mas precisam da oportunidade. A sociedade não pode continuar dizendo "Sinto muito, mas não há lugar para você". Eu fico espantada de não vermos mais raiva entre afro-americanos.

A crença dessas professoras no conhecimento que os alunos trazem para a escola é completamente diferente da visão de alunos afro-americanos revelada através de um conjunto de comentários que coletei num distrito escolar predominantemente branco:

> Como posso forçar essas crianças afro-americanas desmotivadas, desinteressadas, com baixa realização, que não têm visão de um futuro no mundo do trabalho? Essas crianças são, geralmente, de famílias pobres, em desvantagem, mantidas pela previdência social.
>
> Muitas crianças afro-americanas vêm de lares com pouca estrutura, disciplina e valores para educação. As cartas do baralho ainda estão contra eles.

> A maioria dos alunos negros vem dessa vizinhança. Ela tem uma reputação muito pobre e uma história de problemas. Que idéias você tem sobre como lidar com alunos dessa vizinhança?
>
> Esses alunos, geralmente, são desprovidos daquela "faísca" para aprender por causa de todos esses fatores ambientais – negligência parental, abuso.... Não estou me referindo a apenas uma ou duas crianças na minha sala, mas a perto de 50% da minha classe.
>
> Precisamos de ajuda para aceitar as diferenças das crianças negras, que são completamente diferentes dos alunos brancos da classe alta, que também freqüentam esta escola.

Embora essas declarações representem uma amostragem das respostas dos professores, não acredito que elas sejam atípicas. Depois de dirigir grande quantidade de oficinas para professores e cursos para formação de professores por todo o país, ouvi crenças similares serem expressas. No caso das declarações desses professores, tenho a vantagem adicional de conhecer a comunidade (e os membros da comunidade) que eles estão discutindo. Os professores e eu interpretamos as circunstâncias dos alunos muito diferentemente. Os professores parecem ver apenas deficit e necessidade. Eu admiro a elasticidade e força dos alunos que continuam a vir para a escola e participar, mesmo quando seu intelecto e cultura são regularmente questionados.

Esses tipos de declarações enfatizam os profundos preconceitos ideológicos e a falta de expectativas de sucesso em relação aos alunos afro-americanos, que existem em muitos professores (LIPMAN, 1993). Como pesquisadora, sou cínica em relação ao potencial para mudança. Eu me agarro às possibilidades propostas pelo ensino culturalmente relevante.

Ensino culturalmente relevante olha para o conhecimento criticamente

O Projeto Imhotep de Ann Lewis, discutido anteriormente neste capítulo, é um bom exemplo do tipo de ensino que observa o conhecimento criticamente. Um exemplo da turma de Julia Devereaux também ilustra essa visão.

Devereaux parece uma máquina de moto-perpétuo e sua turma reflete seu "estado de estar ocupada". Um visitante que chega de manhã cedo, vê alunos realizando várias tarefas administrativas. Um está fazendo a chamada, outro coletando o dinheiro do almoço, outro ainda coletando comprovantes de permissão para uma futura viagem ao campo. Logo que toca a última campainha, Devereaux obriga-se a sentar e então pergunta retoricamente "O que deveríamos fazer hoje?"

Num dia em particular, quando os alunos terminaram de ler um mito grego sobre uma princesa, Devereaux perguntou "Como vocês descreveriam a princesa?" Sua pergunta era destinada a obter respostas sobre o caráter da princesa, mas o primeiro aluno que respondeu, começou com uma descrição física. "Ela era bonita, com longos cabelos loiros", disse o aluno. Em nenhum lugar da história havia uma descrição que combinasse com aquela resposta. "O que o faz dizer isso?", pergunta Devereaux. "Porque essa é a maneira que as princesas sempre são", respondeu o aluno. "Eu não tenho longos cabelos loiros, e ninguém aqui tampouco tem. Isso significa que nenhuma de nós poderia ser uma princesa?", perguntou Devereaux. O aluno e vários outros pareceram resignados ao fato de que aquele era o caso. Devereaux fingiu que não acreditava que eles não sabiam de princesas negras.

Vagarosamente, sem alarde, Devereaux caminhou até sua estante e selecionou um livro, *Mufaro's Beautiful Daughters*, de John Steptoe (1987), sobre duas irmãs africanas, uma boa e outra má. Após ler o livro para os alunos da quarta série, Devereaux perguntou quantos alunos ainda acreditavam que uma princesa tinha que ter longos cabelos loiros. Ninguém levantou a mão.

Em nossa discussão depois da aula, Devereaux me disse que ela não tinha pretendido ler aquele livro.

> Eu simplesmente não podia acreditar que nos dias e época de hoje nossas crianças ainda acreditam que pele branca e longos cabelos loiros são o padrão de beleza. Quando aquela criança disse aquilo, pensei que fosse ter um derrame. Isso serve para mostrar a você como são poderosas as coisas que elas vêem e ouvem. As pessoas acham que estamos catando piolho quando falamos sobre precisar de material que inclua pessoas que se pareçam com os alunos. Percebi que estávamos lendo um mito grego, e isso é uma história completamente diferente, mas os alunos deveriam ser capazes de perguntar "Isso é verdade? Que realidade é essa?".

A tristeza espontânea de Devereaux sobre as imagens que os alunos têm de princesas, é o tipo de reação que os professores devem ter a fim de responder criticamente ao conteúdo que estão apresentando aos alunos na sala de aula. A habilidade de produzir conhecimento trabalha em conjunto com a habilidade (e a necessidade) de ser crítico do conteúdo.

Margaret Rossi aprendeu uma forma de ajudar seus alunos a desenvolverem sua capacidade crítica, a partir de uma aula sobre a qual leu no jornal de educação radical, *Rethinking Schools*.[1] Uma tarde, pouco antes do período de estudos sociais, Rossi mandou uma de suas alunas levar uma mensagem à professora da sala ao lado. Enquanto a aluna estava fora, Rossi se sentou na carteira dela. Quando ela retornou, Rossi exclamou "Vejam todos essas coisas fantásticas que *eu descobri* nessa carteira que *eu descobri*!" Rossi começou elogiando os lápis, livros e outros objetos pessoais da carteira da aluna, que agora ela reivindicava como seus. "Uh-un, dona Rossi. Você sabe que está errada!" exclamava a aluna, com as mãos nos quadris. O resto da classe ria barulhentamente enquanto Rossi e a aluna argumentavam de ida e de volta sobre a propriedade da carteira. Finalmente, Rossi desistiu da carteira e se dirigiu para a lousa, onde escreveu a palavra "descobrir".

Na discussão que se seguiu, os alunos sustentavam que uma pessoa não podia dizer haver "descoberto" alguma coisa que pertencia a outros. Nesse momento, Rossi pediu aos alunos para passarem para uma parte do livro de estudos sociais (que trazia a data de impressão de 1977), intitulada "A era do descobrimento". Rossi propôs uma série de questões sobre os exploradores europeus. Seus alunos também levantaram questões. Gradualmente, o livro de estudos dos alunos assumiu uma aura menos autoritária. Rossi parecia satisfeita com a maneira como a aula se desenvolveu.

> Eu não pedi a LaShondra para atuar na cena sobre meu descobrimento da sua carteira, mas ela foi maravilhosa. Eu havia lido sobre um professor que fez algo similar com alunos da escola secundária no Oregon e eu sabia que meus alunos podiam lidar com isso. No ano passado, na quinta série, a maioria deles aprendeu o "mantra" de Colombo, então eu queria que eles realmente pensassem sobre essa idéia de "descobrimento" enquanto estudamos história do mundo. Minhas crianças são naturalmente céticas porque suas vidas não combinam com o que elas vêem na TV ou nos seus livros escolares. Preciso trabalhar para ter certeza de que elas compreendam que não há problemas em contestar o que está no livro. Deveria ser simples para elas, mas como as crianças de todo lugar, querem aceitar o livro como verdade absoluta. Agora sabem que aquilo nunca vai acontecer. (Ela ri).

---

[1] Rethinking Schools é uma editora independente e sem fins lucrativos, com sede em Milwaukee (Wisconsin), que publica materiais educativos críticos. Ver: <http://www.rethinkingschools.org>.

A habilidade de examinar criticamente e contestar conhecimento não é um mero exercício de sala de aula. Por recorrer às perspectivas de críticos teóricos, o ensino culturalmente relevante tenta produzir conhecimento desafiador. Os alunos são desafiados a ver educação (e conhecimento) como um veículo para emancipação, para entender o significado de suas culturas e para reconhecer o poder da linguagem (GIBSON, 1986). Como de costume, o ensino culturalmente relevante faz uma ligação entre as experiências de sala de aula e a vida cotidiana dos alunos. Essas conexões são feitas em vigorosas discussões e interações na sala de aula. Os professores não têm medo de assumir pontos de vista antagônicos para promover a confiança dos alunos em desafiar o que pode ser inexato ou problemático.

Por estabelecer explicitamente as regras para debate e criar um lugar psicologicamente seguro, esse tipo de ensino permite aos alunos se expressarem em uma variedade de formas (por exemplo, na sua conversação, na sua escrita, na sua arte). Por possuírem a forma de expressão, os alunos se tornam participantes entusiásticos nos discursos e atividades da sala de aula. Essa energia é refletida na próxima característica do conceito culturalmente relevante de conhecimento.

Ensino culturalmente relevante é apaixonado por conhecimento

Durante vários anos participei de bancas, na universidade, de entrevistas à candidatos da área de educação. Por causa da renovada popularidade da carreira de ensino, da reputação do nosso programa de formação de professores e de seu pequeno tamanho, recebíamos muito mais pedidos do que podíamos atender. Decidimos que cada candidato deveria comparecer para uma entrevista. Apesar das entrevistas raramente eliminarem um candidato que preenchia os requisitos para a admissão, algumas vezes elas serviam para melhorar as chances de um aluno que, no papel, parecia marginal. Geralmente as entrevistas confirmavam o que já estava evidente no arquivo do candidato.

Uma das primeiras perguntas feitas a cada candidato era "Por que você quer ser professor?" Uma resposta comum para prováveis professores da escola elementar era "Eu simplesmente adoro crianças". Também não era incomum ouvir alguém dizer alguma coisa semelhante a que ela (era quase sempre uma mulher que se candidatava ao programa de educação elementar) "se entendia melhor com crianças que com adultos". Junto com meus colegas profissionais na formação de professores, acredito que o cuidado com os jovens é um importante pré-requisito para uma carreira de professor. No entanto, depois de alguns anos ouvindo "Eu simplesmente adoro crianças", começamos a responder "Sim, mas por que você quer *lecionar*?" Sugeríamos aos candidatos que eles poderiam escolher muitas outras carreiras que não lecionar, e ainda assim "estar com crianças". Sugeríamos profissões como pediatria, ou enfermagem pediátrica, biblioteconomia, recreação, ou trabalho social.

A maioria dos candidatos ficava perdida quando pedíamos para explicarem melhor porque queriam lecionar. Alguns comentavam que haviam adorado a escola, ou que eram de uma família de professores. Não posso me lembrar de um único candidato sequer que dissesse adorar a atividade intelectual ou que falasse sobre conhecimento como fortalecedor. É claro que isso pode ter sido resultado de sua juventude e inexperiência. No entanto, um colega que havia ensinado a muitos dos futuros alunos na faculdade de artes e ciências, observou "Os próprios alunos que odeiam o aprendizado e o rigor intelectual parecem ser aqueles que decidem que querem ensinar".

Shulman nos lembra:

> Ensinar é, essencialmente, uma profissão aprendida. Um professor é um membro de uma comunidade erudita. Ele ou ela deve compreender as estruturas dos assuntos, os princípios da organização conceitual e os princípios de investigação que ajudam a responder dois tipos de questão em cada área: Quais são as idéias e habilidades importantes nesse campo? E como as idéias novas são adicionadas e as deficientes são descartadas por aqueles que produzem conhecimento nessa área? Quer dizer, quais são as regras e procedimentos de um bom aprendizado ou investigação? (SHULMAN, 1987)

Uma busca de idéias importantes e a construção do conhecimento abastecem a excitação e entusiasmo que exemplificam o ensino culturalmente relevante. Por exemplo, em vez de se concentrar em memorizar fatos, como os nomes dos senadores e deputados dos Estados Unidos, os alunos são estimulados a pensar sobre as maneiras como esses representantes se relacionam com seus eleitores. Desse modo, os professores ajudam os alunos a conceberem analogias que tornem esse relacionamento compreensível. Em um exemplo, Rossi falou a seus alunos sobre a estrutura governamental de uma igreja batista, com o pastor como presidente, os diáconos como senadores e os fiéis como deputados. Dentro de poucos minutos, os alunos foram capazes de demonstrar um conhecimento rudimentar de como funcionam as duas casas do Congresso. A idéia principal era que em um corpo legislativo bicameral, as duas casas são escolhidas diferentemente, têm diferentes funções e exercem poderes diferentes. Simplesmente conhecer os nomes dos congressistas não implica em desenvolver conhecimento.

Ensino culturalmente relevante ajuda alunos a desenvolverem habilidades necessárias

Por construir pontes ou um andaime que encontre os estudantes onde eles estão (intelectualmente e funcionalmente), o ensino culturalmente relevante os ajuda a estarem aonde precisam estar, para participar inteira e significativamente na construção do conhecimento. Em contraste, o ensino assimilacionista assume que os alunos vêm para a sala de aula com certas habilidades e sugerem que é impossível ensinar àqueles que não estão em um certo nível de habilidade.

Como observou um professor: "Há um curioso fenômeno ocorrendo hoje nas escolas. Os professores esperam que os alunos cheguem à escola lendo, e se ressentem com as crianças que não fazem isso. Se este é o caso, para que elas precisam de um professor?".

A maneira como Margaret Rossi pensa sobre as habilidades de seus alunos é um bom exemplo de construção da ponte de qualidade em ação. A despeito do currículo compulsório, Rossi regularmente desafia seus alunos da sexta série com a álgebra. Embora muitos deles tenham sido mal-sucedidos em matemática anteriormente, Rossi assume uma abordagem que afirma que eles podem e irão aprender as sofisticadas idéias matemáticas e conceitos de álgebra. Em vez de escolher os principais alunos para participar, Rossi espera que a turma toda desenvolva competência em álgebra – habilidade tanto para a solução de problemas como para a proposição de problemas. Mesmo James, um aluno a quem professores anteriores haviam descrito como indicado para atendimento especial, está incluído nessas sessões.

Em vez de colocar James num grupo especial ou tentar "mantê-lo ocupado" com problemas de folhas para perfurar (e destruir), Rossi trabalha duro para construir em cima de habilidades que ele já possui e o ajuda a fazer conexões com o novo aprendizado. Por fornecer a ele umas poucas pistas estruturais, ela constrói sua confiança, permitindo a ele a liberdade psicológica para resolver alguns problemas e levantar questões. Sua inclusão nessas sessões também significa que alunos com habilidades mais avançadas têm a oportunidade de atuar como professores, sem considerá-lo capaz apenas de fazer "trabalho de bebê".

Gertrude Winston também constrói pontes e andaimes para seus alunos. Todavia, ao fazer isso, ela recebe ajuda dos pais e de outros adultos. O seguinte exemplo é representativo da estratégia de partilhar responsabilidades, adotada por Winston:

Como a maioria das crianças de dez anos dos Estados Unidos, os alunos da quinta série de Winston não podem imaginar vida sem televisão. Nesse semestre, Winston usa a curiosidade natural dos alunos sobre como eram as coisas "há muito tempo" para examinar o tempo de lazer durante o final dos anos 1700 e começo dos 1800. Uma das atividades participativas que ela propõe é uma oficina de acolchoados.

Winston apela para que pais e avós venham demonstrar suas habilidades com a agulha e linha para ajudar a fazer a turma costurar; mesmo crianças pequenas podem participar. A oficina de acolchoados se torna um assunto entre gerações.

Winston ressalta que no passado os irmãos mais velhos eram normalmente solicitados a tomar conta dos mais novos. Ela também ajuda seus alunos a estabelecerem ligações entre a costura de acolchoados e os tipos de artesanato que os escravos africanos trouxeram para esse país.

No dia da oficina de costura de acolchoados, a sala de aula de Winston tem uma aparência muito diferente. As mesas dos alunos são empurradas para um lado da sala e suas cadeiras são arrumadas em um grande círculo em volta da sala. Winston quer criar a sensação de uma grande família, onde cada um pode ver a todos e conversar não apenas com a pessoa que está sentada perto dele mas também com quem está do outro lado do círculo. Os adultos trazem pratos de comida tampados para partilhar. Os alunos fazem turnos tomando conta das crianças pequenas. Alguns pais vêm apenas por uma hora ou duas por causa de outros compromissos.

Para alguns que não podem vir, pede-se que enviem um prato especial ou, eventualmente, que façam uma parte do trabalho de acabamento do acolchoado (tal como fazer a bainha, ou passar a ferro). Finalmente, sendo alguém que nunca desperdiça um recurso, Winston faz com que seus alunos identifiquem uma instituição beneficente ou uma família necessitada para quem o acolchoado feito será doado.

Diversas atividades de leitura e escrita são associadas a essa atividade; no geral, a atividade auxilia os alunos a usarem e melhorarem as habilidades que têm e a aprenderem novas. O diário de um aluno relata:

Não é de admirar que as pessoas no passado não precisassem de TV. Elas estavam tão ocupadas com seu trabalho que não tinham tempo para simplesmente sentar e assistir TV. Se você quisesse fazer um acolchoado, você podia ter um monte de pessoas extras, e conversar e visitar e comer. É como ter uma festa, mas você consegue ter seu trabalho feito. Minha tia fez uma coisa parecida quando se mudou para uma nova casa. Nossa família buraco [sic][2] estava lá para ajudá-la a limpar e pintar. Tivemos muita comida e o trabalho terminado rapidamente, porque tivemos muita ajuda.

Esse registro de diário demonstra a maneira como a abordagem integrativa e comunitária de Winston estimula habilidades básicas como o letramento. E por situar o aprendizado em um contexto que inclui as famílias e igualmente serve à comunidade em pequena escala, ela faz uma forte conexão entre conhecimento e poder.

Finalmente, ensino culturalmente relevante vê excelência como um padrão complexo que leva em consideração a diversidade e as diferenças individuais dos alunos.

Cada sala de aula que estudei é um exemplo dessa característica. No entanto, para fins de explicação, focalizarei naquelas de Pauline Dupree e Peggy Valentine.

A estrutura da sala de aula de Dupree pode induzir o observador desavisado a julgar seu ensino como muito regimental, muito autoritário. Contudo, depois de observações contínuas e profundas, a razão pela qual

---

[2] Em inglês, está escrito "hole" (buraco), em vez de "whole" (toda). (N.T.)

seu estilo pode ser considerado culturalmente relevante torna-se aparente. Sempre vigilante por meios de reconhecer e afirmar as realizações dos alunos, Dupree distingue entre reconhecer o esforço do aluno e premiar o desempenho abaixo do esperado:

> Não acredito em dizer aos alunos que eles estão indo bem, quando não estão. Alguns professores chegam a esse distrito escolar e acham que estão fazendo um favor às crianças por fincar uma estrela em tudo. Eles não se importam de estar premiando a mediocridade. Mas fazendo isso, estão realmente formando as crianças para o fracasso, porque em algum lugar do caminho elas vão aprender que aquele A era, na verdade, um C ou um D.
>
> O que eu tento fazer é descobrir aquelas coisas nas quais as crianças são realmente boas e reconhecê-las na sala de aula. Isso significa saber sobre seus esportes e atividades na igreja. Se alguém está numa equipe de campeonato, nós tentamos conseguir que o treinador venha até aqui e fale sobre a contribuição daquela pessoa. Tenho tido aqui treinadores, pastores, chefes de escoteiros, familiares – escolha um – para falar à turma sobre a excelência dos colegas.

O reconhecimento de Dupree, dentro da sala de aula, das excelências de fora da turma, encoraja os alunos a conceberem excelência de modo mais amplo. Também começa a criar uma conexão mais forte entre casa e escola. Uma vez que os alunos vêem que Dupree faz um estardalhaço em relação às coisas que eles gostam, buscam reconhecimento similar na sala de aula.

A abordagem de Valentine para reconhecer um amplo leque de excelências no aluno envolve os alunos em fazerem a avaliação. Cada semana, durante uma reunião da turma, os alunos elegem seus colegas de classe pela excelência em uma variedade de áreas, tanto acadêmica como social. Cada designação é apoiada por evidências. Para garantir que as indicações são sinceras, Valentine pede aos alunos para confirmá-las oralmente. Por exemplo, "Eu indico Tyrell para um prêmio de excelência porque ele me ajudou com matemática nessa semana". Outros membros da turma são encorajados a questionar a indicação. Valentine permite que atividades extracurriculares sirvam de base para indicações, mas pressiona os alunos a pensarem sobre a sala de aula e os feitos relacionados à escola, lembrando-lhes de que as indicações têm mais chance de sucesso quando outros podem verificá-las. Depois que as indicações forem feitas, os alunos votam. Valentine recompensa o ganhador com um pequeno prêmio ou privilégio:

vale-brinde para a lanchonete local, aumento do tempo de recreio, dispensa de uma tarefa em particular, são alguns exemplos.

Além dos prêmios semanais de excelência, Valentine faz seus alunos participarem de um "programa de estágio". Ela junta alunos com funcionários da escola, tais como o zelador, um secretário, um assistente da biblioteca, funcionários da lanchonete, e assistentes de professores, de tal modo que eles ganham uma breve oportunidade de aprender sobre o valor do trabalho. De acordo com Valentine:

Cada vez menos nossos alunos entendem o valor do trabalho ou vêem o trabalho como uma atividade produtiva e satisfatória. Muitos dos adolescentes não pegariam um trabalho em lojas de *fast food* porque elas não pagam muito e porque seus amigos caçoariam deles. Porque você pode fazer dinheiro fácil na rua, as crianças pensam que qualquer que pegue um emprego em um *fast food* é um tolo. Com o estágio estou apenas querendo levar as crianças a entenderem que nós trabalhamos por mais do que dinheiro. Trabalhamos porque nosso trabalho significa alguma coisa para nós.

Desse modo, o ensino culturalmente relevante reconhece a necessidade de os alunos experimentarem excelência, sem enganá-los sobre sua própria realização acadêmica. Recompensar os alunos por um amplo conjunto de atividades garante que eles compreendam que não existem regras estritas para determinar excelência. Também ressalta a compreensão dos alunos de que o professor tem altas expectativas para cada um deles.

Em um dia frio de janeiro passado, eu e cinco de meus colegas de turma afro-americanos nos sentamos juntos em uma cerimônia de graduação da escola secundária[3] que havíamos planejado para nós mesmos. Havíamos comparecido ao evento obrigatória patrocinado pela escola, mas meses antes havíamos nos prometido que teríamos uma festa particular onde poderíamos nos congratular mutuamente e ser nós mesmos. Sentíamos que merecíamos isso – todos nós havíamos sobrevivido às 9A-1 e 9B1, divisões preparatórias de latim da faculdade.

---

[3] Graduação dos três anos da Junior High School, faltando ainda um ano da Senior High School, antes da faculdade. (N.T.).

Dois dos garotos, Sam Fortune e Larry Allen, iriam freqüentar a academicamente desafiadora Central High School, só para meninos. O terceiro garoto, Carlton Epps, freqüentaria a Bartham High School, a escola secundária dentro dos limites geográficos de nossa escola. Sua mãe queria mantê-lo no "caminho certo". Uma das garotas, Carol Oglesby, estava indo para uma escola vocacional. Ela estava cansada de tentar provar seu valor aos professores brancos e alunos. Outra garota, Sandra Webb, e eu, iríamos para a Overbrook High School, uma escola que era racialmente mista por causa de sua localização, que fazia fronteira com uma comunidade afro-americana e uma judaica. Sandra ia seguir o curso de comércio da escola. Eu permaneci num programa de honra e tive mais dois anos de latim.

Eu me graduei numa escola secundária que eu odiava, com honestas notas "A". Eu havia tido um boletim com honestos "A" e me sentia infeliz. Eu não ganhei aqueles "A" porque eu era inteligente. Eu não os ganhei porque queria ser uma aluna que se sobressai. Eu os ganhei porque meus professores não acreditavam que eu poderia ganhá-los e eu havia jurado, exatamente aqui e agora, viver à altura dos meus próprios padrões de excelência.

Considerações finais

Nos Capítulos Três, Quatro e Cinco, tentei esboçar as características do ensino culturalmente relevante fornecendo descrições de salas de aula e observações dos professores. No próximo capítulo examinarei essas características no contexto do assunto ensinado nas salas de aula.

Ao examinar o ensino de habilidades básicas, tais como leitura e matemática, tentarei situar o ensino culturalmente relevante em contextos que são familiares e confortáveis para a maioria dos professores do ensino fundamental. De mais a mais, fazer isso é uma tentativa de transformar o conceito em "conhecimento em uso" – para deslocá-lo do teórico e conceitual para o prático.

Ensino culturalmente relevante

> Apegue-se aos sonhos
> Porque se morrem os sonhos
> A vida é uma borboleta de asa quebrada...
>   (Langston Hughes)

Os Capítulos Três a Cinco oferecem um olhar sobre as práticas de ensino culturalmente relevante, através de entrevistas com professores e observações de sala de aula. Neste capítulo, ofereço um exame mais contextualizado das atividades de quatro salas de aula, três onde o ensino culturalmente relevante era praticado e uma onde não era. O contexto para duas dessas turmas é uma aula de leitura, e para as outras é uma aula de matemática.

O foco em letramento

Um dos decisivos indicadores nacionais de progresso educacional (e desenvolvimento nacional) é o índice de alfabetização. Arnove e Graff afirmam que as campanhas nacionais de alfabetização não são exclusivas do século vinte; muitos líderes carismáticos usaram as campanhas de alfabetização para "salvação, redenção e recriação". Eles sugerem que no século vinte, especialmente desde 1960, a "alfabetização tem sido vista como um processo de conscientização dirigido à libertação humana" (1987, p. 202-206). As campanhas nacionais de alfabetização têm sido uma parte da construção social e política de países como Brasil, Cuba e Guiné-Bissau. Entretanto, o objetivo das campanhas de alfabetização nos Estados Unidos tem sido a promoção individual e pessoal. As mensagens noturnas dos serviços públicos na televisão exortam os cidadãos a se inscreverem em bibliotecas e escolas locais para aulas de leitura. Uma explicação para essa tendência é apresentada por Ferdman:

"Em uma sociedade em rumo à homogeneidade, é fácil pensar em alfabetização simplesmente em termos de habilidades e atividades específicas. Dado o amplo consenso cultural sobre a definição de alfabetização, interpretações alternativas são tão remotas como invisíveis, e então a alfabetização se torna um atributo pessoal aparentemente auto-evidente que é igualmente presente ou ausente" (FERDMAN, 1990, p. 181-204). Porém, mais adiante, Ferdman afirma que em uma sociedade multiétnica a "estrutura cultural" para a alfabetização deve ser levada em conta. Assim, ao citar deCastell e Luke (1983, p. 373-389), Ferdman ressalta que "ser alfabetizado sempre remeteu a ter domínio sobre o processo por meio do qual a informação culturalmente significativa é codificada".

A seguinte passagem é fundamental para o argumento de Ferdman: "Em uma sociedade culturalmente heterogênea, a alfabetização deixa de ser uma característica inerente somente ao indivíduo. Ela se torna um processo interativo que é constantemente redefinido e renegociado, na medida em que o indivíduo negocia com os ambientes socioculturalmente fluidos".

No contexto deste estudo do ensino culturalmente relevante, o significado da alfabetização entre afro-americanos é especialmente importante. Gadsden afirma: "Para aprendizes afro-americanos, em particular, a alfabetização tem sido uma luta especialmente tênue, da negação absoluta durante a escravidão, para o acesso limitado no começo dos anos 1900, para as escolas segregadas com livros escolares muitas vezes superados em meados dos anos 1960, até – muitos podem argumentar – a aceitação marginal de sua cultura e capacidade como aprendizes, mesmo nos anos 1990" (GADSDEN, 1992, p. 275).

Meu pai completou somente mais ou menos quatro anos de escolarização formal. Sua escola era uma sala de aula única que ele, seus quatro irmãos e suas duas irmãs freqüentavam. Na época em que meu pai estava no que era considerado ser a quarta série, ele havia aprendido tanto quanto seus irmãos mais velhos que haviam deixado a escola para ajudar em casa com o trabalho na lavoura. Numa tentativa de escapar da implacável disciplina de sua madrasta, quando tinha cerca de 12 anos, ele e seu irmão mais velho fugiram de casa para morar com uma irmã adulta na Filadélfia. Quando chegou, a escola não passava de uma lembrança distante. Ele manteve sua leitura lendo o jornal todos os dias, e a Bíblia, todas as noites.

Quando cheguei à escola secundária, meu pai folheava meus livros escolares e os lia, como se os achasse realmente interessantes.

A próxima parte deste capítulo descreve o ensino de letramento culturalmente relevante nas salas de aula de Ann Lewis e Julia Devereaux. Elas fazem do letramento uma atividade comunitária e demonstram caminhos para tornar a aprendizagem da leitura e da escrita uma tarefa mais significativa e bem-sucedida para aprendizes afro-americanos.

Ann Lewis: uma retomada do letramento

No Capítulo Três forneci uma breve visão de Ann Lewis. Reiterando, Lewis é uma mulher ítalo-americana, no meado dos quarenta anos. Ativa na escola e na política da comunidade, viveu a maior parte de sua vida na comunidade predominantemente afro-americana onde leciona. Alguns dos professores e administradores mais velhos do distrito escolar foram seus professores. Lewis recorda-se de ter sido menos que uma aluna ideal:

> Cresci na comunidade e meu maior desejo era lecionar aqui, basicamente porque passei muito tempo com professores de boa qualidade e aqueles professores me encorajaram a ensinar. Aqueles professores tanto foram rigorosos comigo, quanto me pressionaram para fazer o que era certo. Eu era uma criança difícil na sala de aula e é por isso que comecei a lecionar – para dar uma chance real a outras assim chamadas crianças difíceis.

Lewis não seguiu um caminho tradicional para lecionar. Tendo se casado logo depois de concluir o ensino médio, começou sua vida adulta como dona de casa, mãe e esposa. Mas a dissolução do seu casamento significou que ela precisaria trabalhar para se sustentar e às suas crianças. Conseguiu um emprego como auxiliar de professora numa escola elementar local. Sua decisão de trabalhar nas escolas surgiu no início dos anos 1970, numa época em que as escolas e os distritos escolares descritos como economicamente em desvantagem, receberam fundos estaduais e federais adicionais para contratar pessoas da comunidade, especialmente pais, como paraprofissionais. A familiaridade tanto com a escola, como com a cultura familiar, fazia dos auxiliares de professores um recurso especial. Alunos e pais que eram intimidados pela formalidade e pelas barreiras culturais entre eles e a equipe mais formal da escola, freqüentemente procuravam os auxiliares de professores para assistência e suporte.

Ciente de que os auxiliares de professores eram um importante recurso e de que a rotatividade entre o corpo docente estava aumentando, o distrito escolar propôs e desenvolveu um programa para incentivar os auxiliares a freqüentarem a faculdade pública local, se transferirem para a universidade estadual e, em seguida, se matricularem no programa de formação de professores da universidade, com duração de cinco anos. Com uma massa crítica de auxiliares de professores se matriculando no programa, o distrito, juntamente com a faculdade da comunidade, pôde oferecer cursos no distrito escolar de modo que os auxiliares fossem capazes de manter seus empregos. Lewis estava entre o primeiro grupo de auxiliares que se beneficiou com o programa.

Apesar de muitos auxiliares começarem entusiasticamente o programa patrocinado pelo distrito escolar, o tempo e as circunstâncias impediram a maioria de completá-lo. Lewis foi uma das poucas que resistiu e o concluiu. Em 1977, começou como professora autorizada na rede municipal de ensino.

Por volta de 1983 Lewis havia construído uma reputação no distrito escolar por sua defesa assertiva, e até mesmo agressiva dos direitos dos professores. Havia sido eleita presidente da associação dos professores e se autonomeara cão de guarda do conselho diretor da escola, comparecendo a todas as reuniões e se manifestando a respeito de posições que ela achava não serem as mais vantajosas para os professores. Não sendo conhecida por sua diplomacia ou tato, sempre se chocava com os membros do conselho diretor e com os administradores da escola sobre o que entendia ser uma violação dos contratos dos professores. Esse tipo de comportamento é arriscado em um pequeno município como Pinewood, onde os membros do conselho diretor e os administradores do distrito escolar podem ter um exagerado grau de influência no curso do dia-a-dia da escola. Lewis percebeu que, talvez por compartilharem os sentimentos de membros do conselho e administradores do distrito escolar, ou porque viam isso como uma maneira de se insinuar com seus superiores, seus diretores tentaram adotar formas sutis de intimidação. Ela recebia muitos alunos que nenhum outro professor queria. Sugeri a Lewis que talvez esses alunos tivessem sido designados para ela por causa da confiança de um diretor em sua habilidade de trabalhar com eles, ao passo que seus colegas não podiam. Lewis me deu uma olhada indicando que eu devia estar fora de sintonia com a realidade das escolas urbanas.

Na primavera de 1983, Lewis repensou seriamente sua decisão de lecionar. Sabia que ainda gostava muito de estar na sala de aula. Além disso, por causa de sua reputação como excelente professora, muitos pais pediram (e até mesmo exigiram) que seus filhos fossem colocados na turma dela. Dessa forma, as tentativas da administração de concentrar os "criadores de problema" em sua sala de aula foram frustradas por esses pais preocupados, que perceberam que Lewis oferecia uma oportunidade intelectual especial para seus filhos. Mas ela estava cansada de suas batalhas com o distrito e o conselho diretor da escola. Sentia-se como se estivesse trabalhando em dois empregos; e seu "emprego noturno" estava afetando seu desempenho no "emprego diurno".

Um fator de boa sorte para Lewis foi sua amizade com uma colega que tinha se tornado administradora do distrito escolar. Agora uma diretora, a amiga falou a Lewis sobre o Projeto de Escrita da Baía de São Francisco e sugeriu que ela e outra professora tirassem proveito do programa de sete semanas, que era oferecido na Universidade da Califórnia, em Berkeley. Lewis não encontrou competição para a bolsa de estudos oferecida, porque nenhuma de suas outras colegas estava interessada em desistir de sete semanas das férias de verão.

Hoje, Lewis atribui a essa experiência a renovação do seu entusiasmo pelo ensino:

> Não posso dizer a você o quanto aquela experiência me mudou. Não é tanto porque a filosofia fosse radical ou revolucionária. De fato, foi algo como um reconhecimento de que o que eu pensava sobre lecionar estava certo. Era a atividade intelectual, você sabe, o pensar. Porque eu não estava bombardeando minhas crianças com folhas de tarefas, acho que alguns dos outros professores pensavam que eu não estava trabalhando duro. Mas eu estava tentando chegar ao pensamento deles, para lembrá-los de que *podiam* pensar, que pensar era permitido na escola. Voltei para cá no outono e reestruturei totalmente a minha aula em torno da escrita (e mais tarde, da literatura) e mantive a pesquisa para respaldar isso.

Quando meu estudo começou, Lewis estava no sétimo ano do seu currículo revisado. Cada ano e cada turma da quinta ou sexta séries trouxeram novas permutações para suas idéias e seu modo de pensar sobre o tipo de educação que a comunidade requeria.

Durante o primeiro ano de minhas observações, visitei a sala de aula da sexta série de Lewis regularmente, mas ao acaso, isto é, eu ia lá todas as semanas mas em horários diferentes. Achava que aparecer em momentos diferentes me ajudava a ver diferentes climas da sala de aula.

O outono de 1990 marcou o segundo ano da participação de Lewis no estudo. Nesse segundo ano, comecei a aparecer em horários fixos a cada semana. Apesar de o ensino de Lewis não ser circunscrito por um horário previsível (de leitura, matemática, ciências, e assim por diante), o ensino de letramento acontecia mais provavelmente durante as manhãs. Minhas notas de campo descrevem minha primeira visita naquele ano:

> Cheguei na escola às 8:45 da manhã de quinta-feira. Os terrenos da escola estavam calmos. Notei que o gramado fora recém-cortado, um sinal seguro do início do ano letivo. Parei no escritório central para me registrar e falar com o diretor. A secretária me informou que o diretor estava cobrindo uma turma porque eles não haviam sido capazes de conseguir um substituto. À medida que eu andava pelo pátio interno, notei o vice-diretor conversando com duas meninas negras que aparentavam ter cerca de doze anos. Ele parecia estar repreendendo – ou talvez aconselhando – as meninas. O nível de barulho na turma vizinha da de Ann Lewis era alto. Os alunos estavam conversando, o professor estava gritando. Notei o contraste quando entrei na sala de aula de Ann, que estava extraordinariamente calma. Os alunos estavam ouvindo enquanto um deles lia em voz alta.

A turma estava estudando Charlie Pippin, de Candi Dawson Boyd. O romance é sobre uma garota africana de onze anos que tenta ganhar a aprovação do pai, um condecorado veterano da Guerra do Vietnam que havia enterrado dentro de si todos os seus sentimentos sobre a guerra. A menina se sente alienada de seu pai e quer encontrar uma maneira de alcançá-lo. Ann e seus alunos já haviam lido mais ou menos vinte páginas do livro.

Havia vinte e nove alunos na turma (vinte afro-americanos). Quando o aluno que estava lendo terminou, um menino afro-americano, Jerry, perguntou, "Ela (a protagonista da história) vai continuar com onze anos nesse livro?"

Lewis respondeu com uma pergunta, "E quanto a Driving Miss Daisy? a personagem principal ficou com a mesma idade?"

Alunos (em uníssono): "Não"

Ann: "Como vocês sabem?"

Jerry: "Porque ela estava usando uma daquelas coisas para andar, quando ficou mais velha."

Ann: "Um andador?"

Jerry: "Sim, e depois ela estava na casa dos velhos parentes".

Ann: "Você consegue *ver* sem um vídeo?"

Calvin (outro menino afro-americano): "Sim, você pode ver quando está lendo. Então veremos quantos anos Charles tem no livro!"

Ann lembrou aos alunos sobre uma discussão anterior a respeito de "conotação" e "denotação", e disse "Lembram-se que dissemos que 'faminto' faz você pensar de uma forma, mas 'esfomeado' faz você pensar de outra forma?"

Calvin perguntou se a discussão podia voltar a falar sobre o livro e Ann o encorajou. "Ela tinha sentimentos que seu pai não compreendia e ele tinha sentimentos que ela não entendia".

Ann: "Você conhece alguém que alguma vez se sentiu assim?"

Calvin: "Eu!"

Ann desenhou um diagrama de Venn para representar similaridades e diferenças entre Calvin e a personagem da história. "Você tem seu próprio vídeo de sua vida toda na sua cabeça. Cada vez que você lê, você pode pegar uma imagem de como a história se conecta com sua vida. Vocês querem voltar à história?"

"Sim!", diz a turma, em uníssono.

Um terceiro garoto começa a ler. Quando ele termina, Lewis diz, "Fechem seus olhos. Vamos carregar seu vídeo". Então ela releu uma parte do livro descrevendo a mãe na história. "Como você pode relacionar isso com sua vida?" Uma das meninas afro-americanas comenta "É exatamente como quando beijo minha mãe".

Os alunos se revezaram lendo passagens do livro. Para alguns, este era o primeiro livro de "capítulo" que haviam lido na escola. Alguns desses leitores lentos tinham dificuldades com algumas das palavras. Lewis os encorajava e implorava outros membros da turma a ajudarem. "Lembrem-se, somos todos uma equipe aqui. Temos que ajudar uns aos outros". Quando Charlene (uma menina afro-americana) fez uma pergunta sobre uma disputa que a personagem principal teve com seu pai, Lewis sugeriu aos alunos que fizessem uma representação para compreenderem melhor. Dois alunos se esforçaram um pouco com a atuação, dois outros tentaram e conseguiram uma salva de palmas do restante da turma.

Depois da representação, Ann perguntou, "O que sabemos sobre o pai de Charlie?" A turma explodiu em excitação – muitos queriam contribuir. Lewis começou a desenvolver uma "teia de atributos de caráter" na lousa. À medida que os alunos foram ficando mais excitados, ela os encorajava a se acalmarem, explicando que parte do cérebro eles estavam usando. "Nós não estamos no límbico (ela apontou para um quadro com um diagrama do cérebro), estamos no cerebelo. Não vamos nos deteriorar em répteis. Está bem, agora vocês têm dois minutos para falar com alguém sobre outros atributos do pai de Charlie".

Quando os dois minutos acabaram, muitos alunos contribuíram para a teia de atributos. Ann encheu a lousa com as respostas dos alunos e gritou "Isso foi perfeito! Vocês são uma turma *perfeita*. Se vocês são perfeitos, levantem as mãos!" Vinte e nove mãos se ergueram.

Durante o curso dos vários meses que se seguiram, *Charlie Pippin* se tornou o projeto desafiante para uma ampla série de atividades. Um grupo de alunos instituiu um grupo de pesquisa sobre a Guerra do Vietnam. Um membro do grupo, que assumiu uma posição de liderança, era uma menina vietnamita muito calma cujos parentes haviam lutado na guerra. Ela trouxe fotos, mapas, cartas, até mesmo um membro da família para falar à turma sobre o Vietnam. No livro, a principal personagem – Charlie – havia feito origamis para vender aos seus colegas de turma. Lewis ensinou seus alunos como fazer origami. Ela os apresentou ao *Sadako and the Thousand Paper Cranes*, de Eleanor Coerr. Um segundo grupo de alunos pesquisou a proliferação nuclear. Eles pediram a Lewis para alugar o vídeo "Amazing Grace", que é sobre um menininho e um atleta profissional que se levantam contra as armas nucleares. O estudo todo se desenrolou contra o pano de fundo de uma iminente guerra entre os Estados Unidos e seus aliados, e o Iraque.

Vários dos alunos decidiram que, como Sadako, poderiam fazer aves de papel para simbolizar sua oposição à guerra. De certa forma, os alunos acreditavam que seus esforços poderiam mesmo impedir a guerra. Embora Lewis não tenha lhes dado nenhum tempo extra para fazerem suas aves, encontraram muitas oportunidades para fazê-las. Por volta de 15 de janeiro, data em que o então presidente George Bush havia fixado para invadir o Kuwait, a turma de Lewis havia dobrado e pendurado na janela de sua sala de aula 1.039 aves de papel – minúsculos pássaros de papel que permaneceram como um símbolo de seu compromisso com a paz.

É interessante notar que as referências de Lewis às partes do cérebro e as discussões posteriores da turma sobre aprender taxonomia, se derivaram de suas próprias experiências naquela época: ela estava fazendo um curso de pós-graduação e dividia muito do seu aprendizado e experiências com os alunos. Trouxe leituras e a linguagem de seus estudos de pós-graduação para dentro de sua sala de aula da sexta série. Os alunos pareciam interessadíssimos em ouvir sobre o que ela estava aprendendo e se deleitar com a visão de Lewis como aluna, e deles mesmos como "alunos de pós-graduação".

Desse modo, durante esse ano eu testemunhei uma turma de alunos engajados na leitura, escrita e atividades de conversação com crescentes níveis de competência e segurança. Uma das marcas da turma de alunos de Lewis era a liderança intelectual demonstrada pelos meninos afro-americanos. Apesar da maioria deles ter tido problemas anteriores, incluindo baixo rendimento acadêmico, cabular as aulas, suspensões, recomendações para colocação em atendimento especial, e pelo menos uma ameaça de expulsão, a sala de aula de Lewis representava uma oportunidade para um novo começo acadêmico.

Um dos destacados alunos de Lewis, um menino chamado Larry, havia tido uma história particularmente problemática. Apesar de ter uma feição miúda e frágil, era a criança mais velha da turma. Foi deixado para trás diversas vezes e tinha treze anos numa sala de aula composta por crianças de onze anos. Ele havia sido traumatizado pelo assassinato de sua tia favorita por atiradores dentro de um carro em movimento. Outros professores da escola se referiam a ele como "um acidente apenas esperando para acontecer". Ninguém o queria em sua sala de aula. Lewis se referia a Larry como "uma peça de cristal".

> Ele é forte e bonito, mas frágil. Tenho que construir um lugar protegido e seguro para ele e deixá-lo saber que nós – a turma e eu – estaremos aqui para ele. A escola o vinha colocando na gaveta de refugo da cozinha. Eu o quero lá em cima, no armário de porcelana, onde todos podem vê-lo.

Perto do fim do ano escolar, Larry havia sido eleito presidente da sexta série da escola. Ele estava envolvido com a mediação de conflitos entre colegas e vinha tirando notas A e B em todas as matérias. Estava entre os líderes acadêmicos da turma de alunos de Lewis.

Enquanto Larry representou um exemplo especial de realização, a sala de aula era um lugar especial para todas as crianças, inclusive os nove não afro-americanos. (Eles eram latinos, das Ilhas do Pacífico, e vietnamitas). O trabalho era desafiador e excitante. Presumia-se que os alunos tinham certo nível de conhecimento, o qual formava a base para elevada competência. Leitura, escrita e conversação eram atividades da comunidade que Lewis acreditava, todos os alunos poderiam participar – e eles participavam.

Julia Devereaux: "Me dê aquele velho ensino [religioso]".

Se alguém fosse desenvolver um "estudo controlado", Devereaux e Lewis combinariam precisamente em mais variáveis do que quaisquer outros dois professores no meu estudo. As duas mulheres têm a mesma idade e ambas moraram na comunidade escolar a maior parte de suas vidas. Freqüentaram a mesma universidade estadual (em épocas diferentes) e foram colegas de turma na escola elementar, no ensino fundamental e no ensino médio. Em 1988, Devereaux sucedeu a Lewis na presidência da associação de professores. Apesar de cansada das políticas, tanto interna quanto externa, da associação, Lewis concordou em auxiliar Devereaux no seu primeiro período como presidente.

As duas diferenças óbvias entre elas, que são importantes neste estudo, são que Devereaux é afro-americana enquanto Lewis é branca, e que Devereaux acredita em ensino de leitura direta, especialmente usando um texto básico, enquanto Lewis está comprometida com a abordagem de linguagem integral (*whole-language*) para o letramento.

Devereaux leciona em uma escola no município que assumiu um compromisso de treinar os professores em um método sustentado por uma bastante conhecida educadora afro-americana de Chicago, que o adotou em sua própria escola para alunos da região central da cidade. É uma abordagem de ensino e aprendizagem sem supérfluos, prática. Essa abordagem de habilidades básicas enfatiza o método fônico como a maneira apropriada para se ensinar a leitura. Livros "clássicos" da tradição européia e afro-americana são partes do currículo. Devereaux se transferiu voluntariamente para essa escola por causa de sua filosofia; ela foi uma das oito professoras que a escola enviou para Chicago para receber treinamento nesta abordagem pedagógica.

A família de Devereaux foi sempre um esteio da comunidade. Seus pais trabalharam duramente para educar uma família lá. Em 1950, seu pai trouxe a família de Louisiana para a Califórnia. Ele começou a trabalhar como guarda noturno de uma loja a varejo e mais tarde tornou-se fiador de documentos de fiança na corte. Sua mãe começou como vitrinista em outra loja a varejo e progrediu até se tornar assistente de gerente. Com o tempo seu pai abriu uma mercearia onde ambos, pai e mãe, trabalharam. Mais tarde, seu pai estudou para obter, e conseguiu, uma licença de trabalho para o setor imobiliário, e hoje é um respeitado corretor de imóveis na comunidade.

A família de Devereaux é ativa na igreja católica local. A própria Devereaux lidera um grupo de escoteiras. Mas sua família também é conhecida por uma série de tragédias que sofreu. Tanto Devereaux como sua irmã foram vítimas de crimes violentos. Ambas trabalharam muito para superar o trauma do ataque que sofreram.

Durante os três anos de meu estudo, Devereaux lecionou para a quarta série; no entanto, ela já lecionou a todas as séries, da segunda à oitava. Sua sala de aula é uma colméia. Os alunos sempre parecem estar em todos os lugares, exceto quando é a "hora da leitura". Devereaux convoca a turma para a leitura às 9 horas. Durante os primeiros vinte a trinta minutos do dia, os alunos podem estar envolvidos numa variedade de atividades que inclui jogos, escrita de diário, escrita à mão e grafia de tarefas, enquanto Devereaux fecha pendências, coletando dinheiro para vários projetos ou excursões ao campo, solicitando livros e materiais, conferindo papéis, ou conversando com os alunos. Mas, às 9:00 horas, toda essa atividade é interrompida.

Cada um dos vinte e cinco alunos na turma de Devereaux desse semestre pega o livro de leitura e o coloca sobre a carteira. Vinte e um dos vinte e cinco são afro-americanos, quatro são latinos. Há quinze meninas e dez meninos.

A aula de leitura de Devereaux parece quase roteirizada. Ela começa com um exercício de fonética. Uma aluna vai à frente da sala, pega o apontador e começar a exercitar apontando para o quadro acima da lousa. A aluna aponta para a letra *b*: "*beating drum*, ba, ba, ba", diz ela. A turma repete em uníssono. Ela continua, "B soa, '*bound*'. O que significa '*bound*'?" Um aluno levanta a mão e diz, "*Bound* significa saltar". A líder do exercício continua a atividade através das consoantes. Apesar de esta ser uma turma de quarta série, as palavras e termos que são apresentados para os alunos definirem parecem sofisticados; incluem "justiça", "parente", "fadiga", "depositante", "devastar", "preservar", "reunião" e "varanda". Há um alto grau de participação no exercício. A líder do exercício apela para muitos alunos diferentes.

Ao término do exercício, Devereaux agradece à aluna e vai para frente da sala. Pede aos alunos que recapitulem a última história que leram. Dependendo de quais habilidades foram enfatizadas na aula e se os alunos adquiriram aquelas habilidades, ela revê algumas habilidades no final da análise da história.

Numa manhã, Devereaux introduz a aula dizendo, "Hoje nós vamos ler sobre a primeira mulher jóquei". Ela dirige a atenção dos alunos para uma palavra escrita na lousa. As seguintes palavras estão lá: "influência", "atmosfera", "escape", "desenvolvimento", "demonstrar", "concentrar" e "eqüestre". Primeiro os alunos tentam definir as palavras com suas próprias palavras, depois usam seus glossários. À medida que pronunciam as palavras, Devereaux lembra a eles que soletrem as palavras foneticamente.

Então ela começa a chamar os alunos alternadamente para lerem a história em voz alta. Eles parecem ansiosos por terem uma vez. Devereaux tenta dividir a sessão de leitura de modo que todos tenham uma vez. "Quem ainda não ouvi hoje?", pergunta. Duas mãos se levantam. Chama esses alunos em seguida. A classe inteira lê os dois últimos parágrafos em voz alta, todos juntos. Do começo ao fim da leitura, ela faz uma série de perguntas de recordação. A experiência toda parece particularmente comum, até chata.

Estou ansiosa para conversar com ela sobre o que está fazendo.

> Sei que parece antiquado mas acredito que os alunos se beneficiam da estrutura. É como se fosse importante para eles saberem o que vem a seguir. Tenho crianças aqui que outros professores me disseram que não podiam ler. Mas, no começo do ano escolar, eu olho para elas diretamente nos olhos e digo você *vai* ler, e você vai ler *em breve*. Digo a minha turma toda que todos nós devemos saber ler e que é responsabilidade de todos garantir que cada um aprenda a ler bem. Formo pares dos melhores leitores com os mais fracos e digo a eles que *o par* tem uma nota de leitura. Eles

podem fazer um sem número de coisas para ajudarem um ao outro a ler. Eu os deixo levarem seus livros de leitura para casa, embora a escola não queira que façamos isto. Também uso alguns daqueles livros básicos antigos, ultrapassados, como livros de leitura para eles lerem em casa. Todos os alunos têm uma agenda de leitura onde registram o que leram em voz alta para seus pais na noite anterior. Os pais assinam a agenda. Eu concedo prêmios para quem completa a agenda de leituras. Você deve ter notado como tudo fica quieto quando a aula de leitura começa. Sou muito flexível em relação a uma porção de coisas, mas considero minha hora de leitura sagrada.

Devereaux faz muitas coisas para encorajar a leitura. Ela tem seu próprio Clube do Livro do Mês. Cada mês, Devereaux anuncia um livro a ser lido. Mais de dez alunos podem se candidatar a ler o livro. Geralmente ela compra os livros com seu próprio dinheiro. O clube do livro se reúne para conversar sobre o livro na hora que quiser – na hora do almoço com o professor, de manhã cedo antes das aulas, ou depois das aulas. Não são dadas notas à participação no clube. Sua recompensa está intrínseca.

A prova do pudim de Devereaux está, de fato, em experimentá-lo. Ela sugere que eu selecione seu aluno mais difícil, Michael, olhe seu histórico, e depois o ouça lendo. O arquivo com o histórico de Michael tinha duas polegadas de espessura. Ele havia estado numa série de lares adotivos. Sua mãe natural era viciada em drogas e o havia abandonado. Todas as professoras, do seu primeiro ano em diante, recomendaram que ele fosse colocado em turmas de atendimento especial. Todos concordavam que ele não podia aprender a ler; não tinha as habilidades necessárias e precisava de cuidado terapêutico que ninguém tinha tempo para dar a ele.

Perguntei a Michael se ele estava com vontade de ler alguma coisa para mim. Sua face se iluminou. Ele escolheu um livro chamado *The Trouble with the Tuck* na estante. Era sobre a história de uma menina e seu cachorro. Apesar de sua leitura ser hesitante, Michael empregava habilidades fônicas e decodificava as palavras que não lhe eram familiares. Perguntei a ele há quanto tempo ele era um leitor tão bom. "Somente desde que eu vim para a sala de aula da sra. Devereaux".

"Porque isso acontece?" Perguntei.

"Eu não sei, ela apenas me disse que eu podia ler se eu quisesse e que ela iria me ajudar a querer. Ela me disse que você não pode ficar na sala dela se não sabe ler. Eu quero ficar".

O parceiro de leitura de Michael era Jabari. Devereaux o escolheu porque sabia que Jabari era muito competitivo e iria encarregar-se pessoalmente do desafio de ajudar Michael a ler. Ela abasteceu o par com uma variedade de livros de grande interesse sobre esportes e atletas, estrelas do rap, atores de Hollywood. Devereaux muitas vezes encontrava tarefas de leitura para Michael, tais como ler o boletim diário, etiquetas de comidas, cartões de beisebol, instruções de livros de receita, a lista telefônica, mapas; ela tentava ajudá-lo a ver o propósito do letramento. Michael também tirou proveito da paixão de Devereaux pela leitura. Ele se apressava em perguntar a ela se podia ler em vez de fazer uma outra tarefa, e geralmente ela permitia que fizesse isso. Antes de tudo, ali estava um menino que todos diziam que nunca leria.

Na minha terceira série fui escolhida para ir ao Professor de Leitura. Como descrevi anteriormente, o Professor de Leitura era a pessoa que trabalhava com o grupo acelerado. Como membros do grupo especial de leitura, nos tornávamos parte de um programa especial de incentivo à leitura. Nós éramos recompensados pelo número de livros que líamos. Para provar que realmente havíamos lido o livro, tínhamos que nos registrar em uma "conversa sobre livro" com um professor que tivesse lido o livro. Nós agendávamos essas conversas sobre livro de manhã cedo, antes das aulas, no intervalo, ou na hora do almoço, ou depois das aulas. Era excitante sentar com um adulto e falar sobre o que havíamos lido. Recebíamos certificados por termos lido vinte e cinco, cinqüenta, ou setenta e cinco livros. Se lêssemos cem livros, recebíamos um certificado e um pin. Eu não descansei enquanto não consegui meu certificado e pin. *Atingi aquele elevado patamar mais ou menos no meio da quarta série.*

Lewis *versus* Devereaux

Olhando superficialmente, Ann Lewis e Julia Devereaux empregam estratégias muito diferentes para ensinar leitura. De certa forma, suas diferenças representam o grande debate sobre o ensino do letramento, aquele da linguagem integral (*whole-language*) versus técnicas de textos básicos. No entanto, no final das contas, no nível ideológico pessoal, as diferenças entre estas estratégias instrucionais perdem o sentido. Ambas as professoras querem que seus alunos se tornem capazes de ler e escrever. Ambas acreditam que seus alunos são capazes de altos níveis de letramento.

Mais especificamente, vários preceitos universais podem ser escolhidos a partir de ambos os programas de ensino de letramento. Em resumo, esses preceitos incluem o seguinte (LADSON-BILLINGS, 1992, p. 378-391):

1. Alunos cujos futuros educacional, econômico, social, político e cultural são mais tênues, são ajudados a se tornar líderes intelectuais na sala de aula. Ambas as professoras dirigem muito da sua pedagogia para os meninos afro-americanos. Nas salas de aula de Lewis e Devereaux, é "legal" ou "maneiro" escolher a excelência acadêmica. As professoras fazem da cultura dos alunos um ponto de afirmação e celebração. Isso significa que eles têm que trabalhar ativamente contra o constante e repetido desprezo da África, dos africanos e dos afro-americanos. Por interromper a noção de que os afro-americanos do sexo masculino são excluídos, as professoras provêem suporte acadêmico para esses meninos e ao mesmo tempo dão aos outros alunos uma nova visão de seus colegas estudantes.

2. Alunos são aprendizes em uma comunidade de estudo, em vez de serem ensinados de maneira isolada e desvinculada. Aqui, a menção a esse preceito é uma reafirmação da idéia que está presente nos Capítulos Quatro e Cinco. Ambas as professoras tratam seus alunos como se eles já soubessem alguma coisa. Em vez de ensinar habilidades de maneira isolada ou desconectada, as duas incorporam as aulas de leitura dentro de contextos mais amplos. Mesmo na abordagem mais estruturada de Devereaux, o ensino de habilidades é contextualizado.

3. As experiências da vida real dos alunos são legitimadas, na medida em que se tornam parte do currículo "oficial". Mesmo que ambas professoras selecionem literatura para seus alunos, elas dependem decisivamente das experiências deles para fazer a literatura resultar viva. Elas não estão escrevendo em uma tábua rasa; em vez disso estão desafiando roteiros convencionais por importar a cultura e as experiências do dia a dia dos alunos para o estudo do letramento.

4. Professores e alunos participam de uma concepção ampla de letramento, que incorpora ambas, a literatura e a oratória. O que conta como literariamente valioso é definido, amplamente, em ambas as salas de aula. Aos alunos é permitido formularem suas próprias perguntas e pesquisarem para obter suas próprias respostas. Construindo a partir do conhecimento dos alunos, Lewis e Devereaux são capazes de ensinar idéias e habilidades complexas, sem se preocupar com estarem ensinando além do nível de leitura dos alunos. Usar múltiplas estratégias de ensino garante que todas as crianças desenvolvam suas habilidades de leitura sem serem ridicularizadas ou envergonhadas.

5. Professores e alunos se empenham em um esforço coletivo contra o *status quo*. Ambas as professoras ajudam seus alunos a compreenderem que as expectativas sociais em relação a eles são, geralmente, baixas. Entretanto, elas os encorajam ao demonstrar que suas próprias expectativas são excepcionalmente altas. Dessa maneira, indicam que professores e alunos devem se unir para provar o contrário da crença vigente.

6. Professores se reconhecem como seres políticos. No caso de ambas, Lewis e Devereaux, a natureza política de seu trabalho é manifestada em suas atividades na associação de professores. Ambas desenvolveram uma visão sociopolítica e cultural que reconhecem ser necessária para se afastarem das explicações de déficit cultural em relação aos baixos níveis de realização dos alunos afro-americanos, e direcionarem para modelos de excelência cultural. Muitas vezes conversam com seus alunos sobre a natureza política de seu trabalho. Os alunos são lembrados de que seu progresso rumo à excelência cultural é a arma mais poderosa que possuem para lutar contra um *status quo* medíocre.

Matemática em uma sala de aula culturalmente relevante

Como vimos no Capítulo Três, Margaret Rossi é uma mulher ítalo-americana em torno de quarenta e cinco anos. Começou sua carreira docente no final dos anos 1960, quando era uma freira dominicana. Lecionou em escolas particulares e públicas, tanto em comunidades brancas prósperas, como em comunidades de cor de baixa renda. Quando este estudo estava sendo feito, ela estava lecionando a sexta série. Era reconhecida, por um grupo de pais afro-americanos, como uma professora muito competente. Em uma entrevista etnográfica, Rossi revelou que sabia que seus alunos a caracterizavam como "rígida", mas que ela acreditava que eles a respeitavam por ser uma professora exigente mas também cuidadosa (SPRADLEY, 1979).

Uma manhã, antes de uma sessão de observação, encontrei Rossi no pátio fora de sua sala de aula. Apesar de trocarmos brincadeiras, era evidente que sua mente estava na lição que pretendia ensinar. Mais cedo, ela havia conversado com seus alunos sobre as origens africanas da álgebra; eles tinham aprendido que a primeira evidência definitiva do uso da álgebra havia aparecido nos escritos de Ahmes, um matemático egípcio que viveu em torno de 1700 a.C., ou antes. Aprenderam que, muito mais tarde, os gregos contribuíram para o desenvolvimento primitivo da álgebra. Rossi sentia que o "cenário do contexto" era importante para motivar seus alunos a aprenderem álgebra. Tentou fazê-los ver que aquilo tinha nítidas relações com a própria herança deles. Não havia razões para que eles pensassem nisso como "estrangeiro". Como me disse, com ironia, "Isso não é grego para eles!".

Rossi deu a chave de sua sala para uma de suas alunas e pediu a ela para entrar e cuidar de alguns afazeres de limpeza e arrumação. Quando o sinal tocou, os alunos entraram fazendo bastante barulho. Eles se acalmaram depois de entrarem na sala e tomaram seus lugares. Às 8h35 Rossi os saudou com um animado "bom dia" e os alunos responderam da mesma forma. O que se seguiu à saudação de bom dia foi um turbilhão de atividade, talvez muito complexo para ser completamente explicado aqui. No entanto, vou tentar resumir o que transpareceu.

Durante todo o tempo em que observei sua aula naquela manhã, Rossi e seus alunos estudaram matemática. Embora estivessem envolvidos na solução de problemas através de funções algébricas, nenhuma folha de trabalho foi distribuída, nenhum conjunto de problemas foi designado. Os alunos e Rossi propunham os problemas.

Observando de um ponto de vista pedagógico, eu vi Rossi lograr seu intento de ter todos os alunos envolvidos na aula. Ela assegurou, continuamente, aos alunos que eles eram capazes de dominar os problemas. Eles se encorajaram uns aos outros e comemoraram quando foram capazes de explicar como chegaram às suas soluções. O tempo e as energias de Rossi eram completamente devotados à matemática. Fazer a chamada, coletar o dinheiro para o almoço, e todas as outras tarefas eram realizadas pelos alunos, de uma maneira discreta quase pragmática, que não interferia com a discussão matemática.

Rossi se movimentava em torno da sala de aula enquanto os alunos propunham questões e sugeriam soluções. Ela muitas vezes perguntava

"Como você sabe?" para levar os alunos a pensar. Quando os alunos faziam perguntas, Margaret se apressava em dizer "Quem sabe? Quem pode ajudá-lo aqui?" Ao relembrar as questões (e, conseqüentemente, o conhecimento), Margaret ajudava seus alunos a compreender que eles eram inteligentes e capazes de responder às suas próprias perguntas e àquelas dos outros. No entanto, Rossi não se retraía de sua própria responsabilidade como professora. De tempos em tempos, trabalhava individualmente com alunos que pareciam intrigados ou confusos. Ao perguntar uma série de questões de sondagem, ela era capaz de ajudar os alunos a organizarem seu raciocínio sobre um problema e desenvolverem suas próprias estratégias de solução do problema. O zumbido das crianças atarefadas fazendo a atividade em sua sala de aula era dirigido rumo à matemática. De vez em quando, ela sugeriria um problema e os alunos trabalhariam freneticamente para resolvê-lo. Toda vez que ela fazia isso, um novo conjunto de questões e possíveis soluções surgiam. Eu estava impressionada com quão confortáveis os alunos pareciam à medida que a discussão prosseguia. Nenhum aluno ou grupo de alunos dominava a sessão. Respostas e perguntas vinham de todos os lugares da sala de aula.

Enquanto me sentei tomando notas, ouvi um aluno exclamar "Isso é fácil!" Outros acenaram com a cabeça, concordando. Nunca perdendo uma oportunidade de tornar a matemática acessível aos seus alunos, Rossi usava tais expressões para fazer um comentário que lembrasse a eles o quanto eram inteligentes e capazes.

Num determinado momento daquela manhã, Rossi direcionou a atenção dos alunos para uma página do livro didático de pré-algebra que ela havia procurado para a turma. Em vez de especificar páginas no texto, mostrou aos alunos como a representação do que eles vinham fazendo aparecia diferente no livro didático. "Não deixem isso assustar vocês", ela disse. "Vocês sabem como resolver problemas como esses". Desse modo, Rossi estava assegurando aos alunos que o bom trabalho que estavam fazendo na sua aula persistiria para a avaliação municipal e estadual; ela sabia que seus alunos seriam solicitados a realizar testes padronizados e que seu desempenho poderia se provar um fator significativo para sua colocação nas turmas de matemática no ano seguinte, quando fossem para o próximo nível da escola.

Em outro nível, Rossi pode também estar reassegurando a seus alunos que o que estiveram fazendo era "legítimo". Desde que muito desse trabalho não estava saindo de um livro didático, os alunos (e talvez seus pais) podem ter se perguntado se estavam praticando álgebra "de verdade".

Por volta de 9h59 era hora de se preparar para o recreio. Por quase uma hora e meia, Rossi e seus alunos estiveram ocupados com a resolução de problemas matemáticos. Nem uma só vez ela precisou parar para disciplinar ou repreender um aluno. Os poucos momentos em que os alunos pareciam estar distraídos, foram rapidamente remediados quando Rossi ou algum aluno colocou um problema que trouxe de volta a atenção de todos para a discussão. Rossi disse aos alunos quanto estava orgulhosa da maneira como trabalharam. Também disse a eles que estavam fazendo trabalhos que alguns alunos da oitava série não conseguiam fazer. Às 10 horas, vinte e seis alunos felizes da sexta série saíram para o recreio. Rossi sorriu, mas tinha um ar de tristeza nos seus olhos. Voltou-se para mim depois que o último aluno deixou a sala:

> Eles são tão inteligentes, mas tão poucos professores reconhecem isso. Tenho tanto medo de que eles encontrem o mesmo destino da turma do ano passado. Trabalhamos tanto para que eles tomem conhecimento da álgebra e então eles vão para uma escola onde são tratados como se não soubessem coisa alguma. Os alunos do ano passado estavam tão entediados com as aulas de matemática que estavam tendo – na verdade, era aritmética – que começaram a não ir às aulas de matemática e voltar aqui para que eu os ensinasse. Quando expliquei que não poderia lecionar a eles, todos juntos, simplesmente, pararam de assistir às aulas de matemática e foram reprovados por faltas.

Informar não é ensinar

Descrevi as salas de aula de Ann Lewis, Julia Devereaux e Margaret Rossi, como exemplos de melhores práticas. Nesta sessão, descrevo uma aula dada por Alex Walsh, um dos meus próprios estagiários do curso de Licenciatura.

Walsh era um aluno branco de vinte e dois anos, inscrito em um prestigiado programa de formação de professores. Sua designação de estágio foi para uma escola de classe média alta, numa comunidade predominantemente branca conhecida por seu excelente sistema de escola pública. Alex estava esperando ansiosamente por essa experiência. Ele foi designado para uma turma da sexta série. Seu professor colaborador era atuante em muitos comitês de distrito escolar e havia solicitado um professor estagiário que se sentisse confortável para tomar iniciativa e trabalhar independentemente. A turma provavelmente teria sido caracterizada como uma sala de aula aberta. Os alunos trabalhavam no seu próprio ritmo ou em grupos cooperativos. Uma aluna que tinha paralisia cerebral estava integrada na turma; uma auxiliar de professor em período integral trabalhava com ela. Não havia alunos afro-americanos na sala de aula mas era uma turma culturalmente diversificada. Os alunos representavam vários grupos lingüísticos – espanhol, japonês, chinês, árabe – mas todos eram fluentes em inglês. Muitos dos alunos vinham de lares profissionais – lares de médicos, advogados, contadores, professores universitários.

Era minha política não oficial não visitar meus alunos de pedagogia no mesmo dia em que eu visitava os professores participantes do meu estudo. Seria muito fácil fazer comparações injustas entre os professores experientes e os novatos. No entanto, em um determinado dia, a visita aos dois não pôde ser evitada. Após observar Margaret Rossi, cruzei a via expressa para visitar Alex Walsh.

Apesar da distância física entre as duas escolas ser de mais ou menos oito quilômetros, em termos de recursos – pessoal, material e alunos – elas eram mundos separados. A escola de Walsh ficava em um distrito escolar cujo desempenho nos testes padronizados chagava a 95%, enquanto as professoras do meu estudo estavam trabalhando em um distrito escolar com desempenho abaixo de 10%.

Quando cheguei à classe de Walsh, os alunos estavam trabalhando em matemática. O professor colaborador estava trabalhando com um grupo de doze ou treze alunos. Outros seis ou sete alunos estavam trabalhando sozinhos em suas carteiras, e Walsh estava trabalhando com quatro meninos numa mesa no fundo da sala – dois brancos e dois latinos. Quando me acomodei numa cadeira perto da mesa do grupo de Walsh, pude ouvi-lo tentando explicar como converter uma fração em um número decimal.

Nenhum dos alunos parecia prestar atenção a ele. Dois dos meninos estavam cutucando um ao outro com os lápis; outro estava ouvindo seu Walkman (apesar de negar isso quando questionado sobre o porquê de estar com o capuz puxado por cima das suas orelhas). O quarto menino estava olhando para fora da janela. Depois que Walsh terminou sua explicação, chamou um dos meninos que cutucava com o lápis para resolver um problema. O menino parecia não ter nenhuma idéia do que fazer. Quando perguntados se alguém podia ajudar, nenhum deles respondeu. Walsh começou a explicar mais uma vez.

Desta vez parou muitas vezes para repreender os meninos por brincarem, gracejarem e não prestarem atenção. No fim de sua explicação, deu aos meninos três problemas para resolverem. Nenhum deles foi capaz de resolver os problemas. "Essa coisa é estúpida!" observou um dos meninos. "Não vou fazer isso", disse outro enquanto empurrava seu papel e lápis para o centro da mesa. Os outros meninos riram. Walsh disse "Tudo bem, vamos tentar fazer juntos o primeiro problema". Começou a explicar os passos necessários para converter uma fração em número decimal. Os meninos não estavam acompanhando. A paciência de Walsh se esgotou. "Vejam!" ele gritou. "Estou tentando ensinar vocês, caras, como fazer isso, e vocês nem mesmo estão prestando atenção".

Sem sucesso, os meninos tentaram reprimir um sorriso falso. Essa foi a gota d'água. Walsh ordenou firmemente que eles voltassem para seus assentos e determinou que resolvessem as questões de uma página do livro didático. Os meninos resmungaram que não sabiam como fazer os problemas, mas Walsh ignorou suas reclamações e disse a eles que esperava ver os problemas resolvidos antes da aula de matemática terminar. Deu uma olhada para mim. Seu rosto estava vermelho, talvez de raiva, talvez por estar envergonhado – ou ambos.

Durante nossa conversa pós-observação, comecei perguntando "Diga-me o que você ensinou hoje". Walsh começou me dizendo o que ele havia planejado e me remeteu ao seu plano de aula. "Sim", comentei, "Você parece que tinha um plano adequado à sua intenção, mas o que você ensinou?" Mais uma vez ele começou a me explicar sua intenção. Falou-me sobre como havia pensado o plano e como os meninos o subverteram. "Pude ver isso, Alex", observei. "Mas o que você *ensinou*?" Ele olhou para mim com desânimo e suspirou. "Eu acho que não ensinei nada", disse. Acenei com a cabeça concordando. "Muito bem, agora podemos conversar sobre o que saiu errado".

Evidentemente, não é justo comparar as habilidades de Alex Walsh com as de Margaret Rossi. Os dezessete anos de experiência de Rossi *deveriam* tê-la tornado mais habilitada para lecionar do que Walsh. Ela teve a oportunidade de cometer erros e crescer como professora. E tenho certeza de que ela também teve momentos em que "não ensinou nada". Entretanto, justapor as duas aulas apenas ilustra como os mais experientes são diferentes dos novatos. Se Walsh tivesse podido observar qualquer dos professores do meu estudo, talvez ele tivesse aprendido algo do que segue:[1]

1. Quando os alunos são tratados como competentes, provavelmente demonstrarão competência. Os métodos de ensino culturalmente relevantes não sugerem aos alunos que eles são incapazes de aprender. Esses professores propiciam desafios intelectuais por ensinarem para o mais alto padrão denominador comum, e não para o mais baixo denominador comum.

Na sala de aula de Lewis, espera-se que os alunos façam mais do que ler no sentido literal. Suas respostas ao que lêem são até mais importantes do que reproduzir o que o autor escreveu. Enquanto liam livros, Lewis perguntava o que achavam que o texto significava e que conexões eles poderiam fazer entre o texto e suas próprias vidas. Embora a aula de leitura de Devereaux fosse mais estruturada, o desafio intelectual ainda estava lá. Devereaux esperava que todos os alunos se tornassem letrados e ela proporcionou uma variedade de meios através dos quais os alunos podiam desenvolver sua capacidade de ler e escrever bem. A decisão de Rossi de usar desafios matemáticos para motivar e ensinar seus alunos provou ser uma excelente forma de melhorar tanto suas habilidades matemáticas, como suas habilidades conceituais. Exercitando a álgebra permitiu aos alunos construírem de acordo com sua competência e desenvolverem a confiança de conhecer desafios intelectuais até maiores.

2. Quando os professores fornecem "andaime" instrucional, os alunos podem passar do que sabem para o que precisam saber. Nas salas de aula das três professoras, permite-se (e encoraja-se) que os alunos construam de acordo com suas próprias experiências, conhecimento e habilidades, a fim de passarem para conhecimentos e habilidades mais difíceis. Em vez de puni-los pelo que não sabem, essas professoras encontram formas de usar o conhecimento e habilidades que os alunos trazem para a sala de aula como um fundamento para aprendizagem.

3. O foco da sala de aula deve ser instrucional. Apesar da sala de aula ser um lugar complexo e dinâmico, o principal empreendimento

---

[1] Os relatos sumários nas pp. 186-190 foram extraídos de Ladson-Billings, G., "Making Math Meaningful in Cultural Contexts". In W. Secada, E. Fenemma, e L. Byrd (eds.), New Dimensions in Equity. New York: Cambridge University Press, 1994.

deve ser ensinar. Em salas de aula culturalmente relevantes, a instrução vem em primeiro lugar. Mesmo quando Lewis estava repreendendo os alunos, ela estava ensinando (explicando diferentes partes do cérebro). A insistência de Devereaux em um período sagrado de leitura é sua maneira de deixar os alunos saberem que o tempo não pode ser violado, nem mesmo por seu relacionamento pessoal com eles. O rápido desafio matemático de Rossi não deixa espaço para comportamento desligado, não instrucional. A mensagem de que a sala de aula é um lugar onde professores e alunos se envolvem em trabalho sério é comunicada claramente a todos.

Os alunos de Walsh não o levam a sério. Talvez sua inabilidade de ser competente com eles decorra em parte de sua condição de professor estagiário; no entanto, tenho visto estagiários que são capazes de controlar uma classe. O grupo de alunos de Walsh se empenhou em atrapalhar sua aula; estavam aprendendo a não aprender. A decisão de Walsh de mandar todos de volta às suas carteiras com tarefas que eles não podiam fazer (tais como converter frações impróprias em números mistos), ensinou a eles que a instrução não é tão importante *e* que ela pode ser usada como forma de punição.

4. A verdadeira educação trata de ampliar o pensamento e as habilidades dos alunos. Em nenhum ponto da aula do meu estagiário, ele avaliou o que seus alunos já sabiam. Podia ter sido mais bem-sucedido em envolver os alunos nas habilidades que pretendia ensinar, construindo a partir de algum sucesso – começando com alguma coisa que eles já haviam dominado. De certo modo, seus alunos decidiram que aquilo sobre o que ele estava falando não tinha nada a ver com eles, e ele foi incapaz de fazer as conexões necessárias. Em contrapartida, Lewis, Devereaux e Rossi levam seus alunos a novos aprendizados depois de estabelecerem o que eles sabem e são capazes de fazer. Em vez de uma abordagem de aquisição de conhecimento por exercícios repetitivos, suas abordagens tornam o aprendizado dos alunos uma experiência mais contextualizada e significativa.

5. Ensino eficaz envolve profundo conhecimento tanto dos alunos, como da matéria. A natureza limitada da experiência de estágio dificultou a capacidade de Walsh de construir o necessário relacionamento entre ele e seus alunos. Se eles conhecessem mais um do outro, as crianças teriam desenvolvido um compromisso maior com a aprendizagem por causa de seu compromisso com seu professor.

Lewis, Devereaux e Rossi conhecem bem seus alunos. Sabem quais respondiam a um estímulo sutil e quais precisavam de uma abordagem mais vigorosa. Para elas, o bom ensino começa com a construção de bons relacionamentos. Rossi sabia que um de seus alunos foi considerado um candidato a atendimento especial. No entanto, acreditou que era importante incluí-lo como uma parte da turma e mantê-lo responsável por responder a altas expectativas. Para assegurar que essas expectativas não o frustrassem, ela passou mais tempo com ele, garantindo sucesso progressivo. Devereaux sabia que Michael tinha uma vida familiar tumultuada. Sabia que sua fraca capacidade de leitura estava vinculada aos problemas que ele enfrentava em casa. Então, trabalhou para preencher seus dias de escola com experiências de letramento. Solicitando a ele que lesse – endereços, notícias diárias, e material recreativo – fortaleceu seu relacionamento com ele, enquanto ele construía a base do seu conhecimento e habilidades.

Este capítulo forneceu três exemplos de ensino culturalmente relevante nas áreas de habilidade básica de leitura e de matemática. Apesar de cada professora ter seu próprio estilo distintivo, todas partilham algumas qualidades essenciais que estavam ausentes nas práticas do estagiário. Apesar do seu ambiente escolar aparentemente mais desejável, o qual se parecia com seus próprios antecedentes, sua eficácia estava comprometida pela combinação de sua inexperiência e sua orientação de ensino mais assimilacionista. Como muitos novatos, o estagiário lutou por organizar os alunos para o ensino, mas também lutou com o que considerava ser ensinar. No seu modo de ver, ensinar era o mesmo que informar, e não questionou o relacionamento hierárquico que estava tentando estabelecer entre ele próprio e seus alunos. Presumiu que o relacionamento entre os alunos e ele era um relacionamento de mão única: ele instruiria; eles aprenderiam. Falhou ao lidar com eles como se não soubessem de nada e mostrou pouco entusiasmo em relação ao conteúdo. Ele não pôde situar a aula nas experiências dos alunos. Apesar de todos os seus esforços, suas tentativas de ensinar os alunos foram em vão. Desistiu frustrado, acreditando que os alunos haviam aberto mão do seu privilégio de serem ensinados.

No próximo e último capítulo, considero o que pode se aproximar de um ensino culturalmente relevante. Examino as formas pelas quais ele pode se tornar uma parte das aulas de pedagogia e ajudar todos os professores – independentemente de sua raça ou etnia – a se tornarem professores mais efetivos de alunos afro-americanos.

Transformando sonhos em realidade

> [...] entrando em um pesadelo, rezando por um sonho [...]
> (Maya Angelou, discurso de posse presidencial,
> 20 de janeiro de 1993)

Do começo ao fim deste livro, relatei observações e conversas enquanto interpretava e analisava as práticas do ensino culturalmente relevante. Ao mesmo tempo, entremeei uma parte de minha própria história, porque é impossível compreender as histórias dos outros em um vácuo. As práticas que observei nessas salas de aula fizeram sentido para mim por causa de minhas próprias experiências como aluna afro-americana.

Neste capítulo, abordarei duas idéias diferentes mas relacionadas: a responsabilidade e poder pessoal do professor, e minha visão de uma escola culturalmente relevante.

Responsabilidade e poder do professor de sala de aula

O tempo que passei nas salas de aula e com as professoras que estudei foi agradável, inspirador e confirmador: eu tive certeza de que *há* alguns bons professores lá fora, que podem ajudar alunos afro-americanos a escolherem a excelência acadêmica e ainda assim não comprometerem suas identidades culturais. Mas o que isso significa? Para que serve saber que uns poucos professores podem fazer um excelente trabalho com os próprios alunos que outros acreditam incapazes de serem ensinados? Jonathan Kozol levantou exatamente essa questão numa discussão sobre uma professora chamada Corla Hawkins:

> Há professoras maravilhosas, como Corla Hawkins, nas escolas da região central em quase todos os lugares, e algumas vezes um grande número de tais professores numa única escola. É tentador focar nesses professores e, ao fazer isso, pintar um retrato promissor das coisas boas que acontecem sob condições adversas. De fato, há um acervo crescente de textos assim, porque eles são confortantes.
>
> A argumentação por trás da maioria desses textos é que os problemas pedagógicos em nossas cidades não são, principalmente, questões de injustiça, desigualdade ou segregação, mas de informação insuficiente sobre estratégias de ensino. Se nós pudéssemos simplesmente aprender "o que funciona" na sala de Corla Hawkins, estaríamos, então, numa posição de repetir isso por toda Chicago e em cada um dos outros sistemas. (Kozol, 1991, p. 51)

O argumento de Kozol é que é fácil olhar para a exceção a fim de recusar a regra. Por essa razão, o que eu tenho tentado expressar nestas páginas não é um culto à personalidade. Mais propriamente, tentei enfatizar os princípios do trabalho.

O ensino culturalmente relevante diz respeito ao questionamento (e preparação dos alunos para questionar) da desigualdade estrutural, do racismo e da injustiça que existe na sociedade. As professoras que estudei trabalham em oposição ao sistema que as emprega. São críticas em relação à maneira como o sistema escolar trata seus empregados, alunos, pais, e são ativistas na comunidade. No entanto, não podem deixar sua crítica residir somente nas palavras. Devem convertê-la em ação desafiando o sistema. O que elas fazem é, ao mesmo tempo, sua vida e seu meio de vida. Nas suas salas de aula praticam uma pedagogia subversiva. Mesmo diante das decisões curriculares mais mundanas, essas professoras opõem resistência:

> No ano passado tivemos que adotar um livro que a secretaria de educação obrigou. Eu tive uma porção de problemas com aquele livro, então fui ao editor de outra companhia e consegui que ele me desse outro conjunto de livros. Estou usando o que minhas crianças precisam.
>
> Julia Devereaux

> Não sou uma professora de livro didático. Uso os textos como fontes, mas tenho que ensinar o que as crianças precisam, não o que a secretaria da educação quer. As necessidades dos alunos vêm em primeiro lugar.
>
> Peggy Valentine

Tenho problemas com a administração. Muitas vezes eles têm menos experiência do que eu e pensam que posso lhes revelar umas poucas coisas. Eu me recuso a colocar de lado minha filosofia por alguém que não tem o bem estar das crianças e da comunidade no coração.

Elizabeth Harris

Muito tranqüilamente, faço o que quero. (Uma risada.) Faço! Mas não faço muito alarde sobre isso. Quero dizer, se os administradores e eu estivéssemos sentados aqui conversando sobre isso, eu diria a eles o que penso, mas geralmente não crio um grande caso sobre resistir ao sistema. Faço isso apenas porque as crianças merecem.

Margaret Rossi

Finalmente, esse ano eu disse à minha diretora que não uso os textos obrigatórios e ela não disse nada porque conhecia o tipo de resultados que eu estava conseguindo e conhecia o tipo de resultados que meus colegas estavam conseguindo. Sou responsável por esta sala de aula. Trabalhei por tempo bastante para saber o que vai funcionar e o que não funciona. Não vou, simplesmente, dizer abertamente à diretora aquilo que não vou fazer. Apenas vou fazer o que preciso para que meus alunos tenham sucesso.

Pauline Dupree

Acho que muitos administradores me deixaram sozinha porque eu tenho uma personalidade forte. Depois de quarenta anos de ensino, sei como conseguir que os pais da comunidade apóiem o que estou fazendo porque eles compreendem meu nível de comprometimento. Os alunos e suas necessidades devem vir em primeiro lugar. Não estou aqui para fazer um diretor, um superintendente ou, aliás, eu mesma, parecer bem. Tenho trabalho a fazer e as pessoas podem ou subir a bordo para me ajudar, ou ficar fora do meu caminho.

Gertrude Winston

Nesse caso, mesmo que Kozol também tenha razão quando cita a necessidade de mudança sistêmica, isso não dá aos professores permissão para não lutarem contra as instituições opressivas e desiguais onde trabalham. Sob vários aspectos, a luta dos professores é similar ao que o jurista Derrick Bell chama de luta contra a *permanência do racismo*:

"Não que legitimemos o racismo do opressor. Ao contrário, só podemos *des*legitimá-lo se pudermos apontá-lo precisamente. E racismo está situado no centro, não na periferia; no permanente, não no transitório; nas vidas reais das pessoas negras e brancas, não nas cavernas sentimentais da mente" (1992, p. 198).

Ampliando o conceito de educação de Bell, não precisamos legitimar a injustiça que existe nas escolas do país, mas tentar deslegitimá-la, colocando-a sob exame minucioso. Nas salas de aula, trabalhar em oposição ao sistema é o caminho mais provável para o sucesso de alunos que vêm sendo desprezados e negligenciados pelo sistema. Porém, como cultivamos essa espécie de natureza oposicionista em nossos professores?

Motivando professores; mudando práticas pedagógicas

A pesquisa de Lipman em escolas reestruturadas sugere que, apesar do movimento rumo a administrações mais localizadas e democráticas, e maior suporte material e de pessoal, as ideologias dos professores a respeito do provável sucesso acadêmico dos alunos afro-americanos permanece inalterada. No fundo, eles não acreditam que alunos afro-americanos podem ser bem-sucedidos academicamente (1993).

Grant e Secada analisaram a literatura sobre formação multicultural de professores e perceberam uma ausência de estudos empíricos nesta área. Não encontraram nenhum estudo que abordasse os filtros ideológicos que futuros professores podem ter desenvolvido como resultado de suas próprias experiências culturais e educacionais (1990, p. 403-422). Ahlquist argumenta que tentativas para chegar a essas profundas ideologias geram resistência. Futuros professores não abdicam facilmente de crenças e atitudes sobre si mesmos ou outros. Assim, um esforço sério a fim de preparar docentes para ensinarem de uma maneira culturalmente relevante, requer repensar o processo de formação de professores (AHLQUIST, 1990, p. 158-169). Algumas idéias para ajudar a cultivar o tipo de atitude necessária, foram expressas pelas professoras no meu estudo.

1. Recrutar candidatos a professor que tenham expressado um interesse e um desejo de trabalhar com alunos afro-americanos. A maioria dos candidatos a professor é jovem, branca e do sexo feminino, e preferiria trabalhar com alunos cujos antecedentes são semelhantes aos seus próprios (GRANT, 1989, p. 764-770). Além do mais, mesmo se convencêssemos todos os universitários de minorias a se tornarem professores, ainda teríamos um déficit de professores de minorias (HABERMAN, 1989, p. 771-776). Desse modo, o conjunto de onde selecionamos professores deve necessariamente incluir brancos. Não obstante, devemos encorajar aqueles que realmente querem lecionar alunos afro-americanos. Devemos também procurar caminhos inovadores e não tradicionais para trazer as pessoas certas para o magistério. Escolas e universidades devem prover acesso e recursos para as pessoas empenhadas conseguirem a formação e as credenciais que precisam, em programas como aquele que Ann Lewis freqüentou. Para determinar o comprometimento desses futuros professores, uma condição de sua admissão em tais programas seria trabalharem em escolas predominantemente afro-americanas por um período específico.

2. Prover experiências educacionais que ajudem os professores a compreender o papel principal da cultura. A despeito da tendência atual de educação multicultural, os futuros professores passam, tipicamente, por oficinas e cursos que focalizam apenas superficialmente a cultura material. Assim, eles saem com uma abordagem de "comida e festivais" para culturas individuais; aprendem a fazer uma *piñata*[1] ou cantar um *spiritual*[2]. Um programa de formação mais sofisticado pode requerer que eles façam um curso rico em conteúdo sobre um ou mais grupos étnicos, mas mesmo aqui não terão idéia das formas como o curso se relaciona com crianças da escola elementar. E eles raramente têm a oportunidade de examinar os aspectos principais de sua própria cultura ou da cultura americana predominante. Muitas vezes acreditam que "cultura é aquilo que outras pessoas têm; o que nós temos é simplesmente *verdade*". Porque os próprios antecedentes culturais desses professores permanecem não examinados, eles não têm nenhuma forma de desafiar suas pressuposições intrínsecas. Como exemplo, aqui está um relato de uma das participantes de uma reunião de desenvolvimento de equipe que eu dirigi:

> Os pais também podem ser barreiras para a educação de seus filhos. Eles se mudam muito, são desprovidos de interesse pela educação da criança, não ajudam com as lições de casa ou materiais, não comparecem às

---

[1] Piñata é uma brincadeira em que crianças de olhos vendados tentam atingir com um bastão uma vasilha cheia de brinquedos e balas, pendurada por um fio, até quebrá-la. O mesmo que cabra-cega. (N.T.).

[2] Tipo de canto religioso dos negros. (N.T.).

reuniões. O que posso fazer? Não tenho tempo para trabalhar essas questões com os pais.

Essa professora estava expressando a frustração de muitos professores. Ela se sentia oprimida e impotente diante dos problemas que os alunos estavam enfrentando e, conseqüentemente, que ela também enfrentava. Mas se desconstruirmos seu relato, revelaremos algumas fortes pressuposições sobre o ensino e sobre seu papel como professora.

Em primeiro lugar, essa professora descreve os pais de seus alunos como barreiras. Dessa forma, ela parece assumir que seu ensino aos alunos está baseado no auxílio dos pais. Além disso, o tipo de coisas que ela lista como "barreiras" parentais, na verdade pode estar além do controle dos pais. Os pais se mudam muito porque desejam ou porque precisam se mudar para conseguir trabalho ou melhores condições de vida? Sua falta de interesse é deliberada ou os pais são desprovidos do conhecimento sobre como expressar interesse de uma forma que a escola reconheça? Talvez acreditem que o simples fato de mandar o filho para a escola seja uma forte demonstração de preocupação com a educação. Não fornecer materiais escolares pode ser uma indicação de falta de recursos financeiros; os pais não podem dar o que não têm. Não comparecer às reuniões pode indicar meramente que a escola é do outro lado da cidade e que as crianças são conduzidas de ônibus até ela; talvez os pais não tenham um meio de transporte adequado. Além disso, talvez os pais não tenham aprendido que "ir à escola" significa comparecer em um momento diferente daquele quando seus filhos estejam sendo repreendidos.

Em segundo lugar, essa professora vê o comportamento dos pais em relação à sua própria experiência como aluna, mãe e professora. Durante anos, essa escola onde ela trabalha, esteve a serviço de uma comunidade branca, de classe média alta, onde os pais não apenas participavam da escola mas também determinavam como ela funcionava – quem era contratado e demitido, qual deveria ser o currículo, como as verbas seriam distribuídas. Mas agora, com a instituição do transporte de alunos a uma escola em outra localidade para incentivar a não segregação, muitos desses pais desertaram da escola e enviaram seus filhos para escolas particulares, enquanto os novos alunos, crianças afro-americanas de baixa renda, têm pais que vêem a escola com desconfiança e hostilidade. E mesmo aqueles que têm atitudes favoráveis (ou até indiferentes) em relação à escola, são desprovidos de tempo e recursos para se envolverem com ela, como fizeram seus predecessores. Quando a vida é uma luta diária, ir à escola – especialmente uma escola localizada do outro lado da cidade, numa comunidade branca – é uma das menores prioridades desses pais.

Levantei esses pontos não numa tentativa de absolver os pais de suas responsabilidades em relação à educação de seus filhos, mas para incentivar os professores a examinarem, de maneira mais ampla e cuidadosa, as causas dos comportamentos que eles vêem, para desenvolverem múltiplas perspectivas e para assumirem um compromisso de trabalhar com seus alunos sem levar em conta participação parental (ou falta dela). A formação no ensino culturalmente relevante levantaria essa espécie de questões sobre as pressuposições a respeito de alunos, pais e comunidades, que os professores trazem com eles.

3. Propiciar aos candidatos a professor oportunidades para criticar o sistema, de maneira a ajudá-los a escolher um papel, tanto como agentes de mudança, quanto como defensores do *status quo*. Muitos anos atrás, eu lecionava a disciplina de Introdução à Educação. Geralmente começava o semestre com a pergunta "Por que temos escolas?" Os alunos que se inscreviam nesse curso estavam, via de regra, no segundo ou terceiro ano da faculdade, que pretendiam seguir a carreira de magistério. Suas respostas eram, predominantemente, "Para que possamos estar preparados para trabalhar".

É tão predominante a mensagem de que educação é igual a trabalho, que os futuros professores focam, principalmente, nesse aspecto dela. Quando apresentava aos alunos informações sobre como uma economia recessiva afeta a todos, mesmo professores, eles ficavam confusos em como justificar esse propósito vocacional. Mais desconcertantes ainda eram os dados que eu apresentava sobre como racismo e sexismo afetam a oportunidade de trabalho de uma pessoa, independentemente das qualificações educacionais.

Dessa forma, tínhamos que começar a examinar alguns dos mais fundamentais propósitos sociais da educação. Apresentar o método educacional atual como um método conservador destinado a manter ou reproduzir o *status quo* dava aos alunos um desafio sem similar. Como poderiam participar intencionalmente de um sistema que colocava crianças de cor (e outros grupos) em desvantagem enquanto garantia privilégios a pessoas como eles? Examinando alguns dos pressupostos subjacentes da educação, perceberam que educação não é um empreendimento apolítico. Ela cumpre uma função na sociedade e os professores, individualmente, podem agir conscientemente para apoiar ou se opor àquelas funções sociais, ou podem agir inconscientemente (e descuidadamente) de maneira a apoiá-las *invariavelmente*.

4. Requerer que candidatos a professor tenham, sistematicamente, prolongada imersão na cultura afro-americana. A maioria dos candidatos a professor não precisa de uma experiência de imersão na cultura da classe média branca porque tanto é produto dela como foi aculturada e/ou assimilada o bastante para negociá-la com sucesso. No entanto, quando professores novatos vão para comunidades de minorias, muitos são incapazes de compreender a linguagem dos lares dos alunos, os padrões de interação social, histórias e culturas. Dessa forma, não podem educar verdadeiramente os alunos. Suas percepções de deficiência e competência são socialmente e culturalmente construídas. Sem maior exposição à cultura dos alunos, os professores ficam desprovidos das ferramentas com as quais poderiam dar sentido a muito do que acontece na sala de aula.

Além disso, não podem atuar efetivamente com uma postura descontextualizada. A imersão na comunidade para aprender quem são os líderes da comunidade, onde estão os centros de serviços da comunidade, que pessoas detêm respeito, o que interessa às crianças na comunidade, tudo isso abastece os professores com informações necessárias sobre como trabalhar *com*, em vez de *contra* a comunidade.

5. Propiciar oportunidades para observação de ensino culturalmente relevante. "Professor orientador" pode ser um dos termos mais incompreendidos e impropriamente usados na formação de professores. O que a maioria dos programas realmente tem são "professores colaboradores", que supervisionam a experiência do estagiário. A seleção desses professores colaboradores pode ser aleatória. Em alguns casos os estagiários são usados como gratificação para professores que caíram nas graças do diretor. Desse modo, numa tentativa de tornar mais leve a carga de trabalho individual do favorecido, por exemplo, o diretor pode não levar em conta as necessidades do estagiário ou a qualificação de outro professor do corpo docente. Ou o diretor pode colocar um estagiário com um professor que precisa apenas de ajuda; o pensamento aqui é que, tendo mais alguém na sala de aula – não importa quão inexperiente – vai melhorar a situação. O estagiário torna-se uma testemunha involuntária ou um cúmplice de uma prática ruim, possivelmente ajudando o diretor a documentar as práticas insatisfatórias a fim de afastar o professor. Ainda em outro exemplo, o diretor pode simplesmente perguntar "Quem gostaria de ter, esse ano, um estagiário da universidade local?" A designação do estagiário se torna meramente mais uma tarefa administrativa, sem levar em consideração a qualificação e a experiência. É importante mencionar que tal designação de estagiários, aleatória e sem consideração, não se limita aos diretores. Professores e funcionários da universidade também são responsáveis por parte desse comportamento profissional prejudicial.

Muitas vezes os melhores professores não querem ter nada a ver com o patrocínio e a burocracia envolvida na designação de estagiários. Mas, ao se oferecer incentivos reais (tais como ordenados, aumentos de salário, vantagens adicionais), os professores comprometidos podem ser induzidos a participar, sendo verdadeiros tutores de alunos que irão, um dia, ocupar seus lugares nas escolas de comunidades afro-americanas.

6. Orientar estagiários por mais tempo e em ambiente mais controlado. A designação de estagiários pode ser tão curta quanto seis semanas ou tão longa quanto um ano. Normalmente, exigem no mínimo um semestre (de doze a vinte semanas). Porém, independentemente da extensão, os alunos de pedagogia geralmente relatam que a experiência clínica ou de estagiário é a parte mais valiosa de sua formação. Mas, por serem tão curtos, os programas atuais de estágios falham em dar aos alunos uma oportunidade adequada de virem a conhecer os alunos, a escola, ou a comunidade para onde são designados.

Devido à descontinuidade entre os calendários da escola e da universidade, os estagiários podem ser colocados em salas de aula que já estão funcionando; desse modo, não têm idéia de como elas chegaram a ser do modo que são. Além disso, as crianças das salas de aula já desenvolveram lealdades e relacionamentos com os professores colaboradores e podem identificar os estagiários como intrusos por mais "bonzinhos" que sejam.

Com aprendizados reais – começando antes do início do ano letivo e terminando antes do fim – os estagiários poderiam ver a evolução e o desenvolvimento da sala de aula no correr do tempo. Poderiam ver os altos e baixos que os professores experimentam, independente de sua qualificação, e ter a oportunidade de promover mudanças em suas próprias práticas. Eles não seriam coagidos a "acertar" de acordo com as especificações de seu supervisor dentro do espaço de seis a oito semanas.

Somado ao período de tempo que os estagiários passam nas salas de aula, há o problema da natureza do ambiente. Como foi mencionado anteriormente, ao chegar depois do início do ano letivo, o estagiário pode ser uma adição indesejável à sala de aula.

Em condições ideais, o estagiário vai lecionar em sua própria sala de aula. No entanto, mesmo nesse caso, seriam úteis algumas mudanças no programa. Em vez da abordagem de "soltar no mundo" que propiciamos aos professores iniciantes, onde lhes é designada uma carga completa de aula a partir do seu primeiro ano de ensino, precisamos dar aos novos professores uma chance de praticarem seu ofício em salas menores. Se nós realmente nos importamos com questões como a realização dos alunos e a retenção do novo professor, devemos organizar a escola de maneira a dar mais apoio. Organizar equipes de ensino pode ser uma forma de reduzir a carga de aula para os novos professores sem marginalizá-los completamente. Por exemplo, uma equipe de ensino de dois professores e quarenta a quarenta e cinco crianças deve incluir dois adultos adicionais, um auxiliar de professor e um estagiário. Essa equipe de quatro membros desenvolveria o currículo e as estratégias de ensino a serem usadas na sala de aula. A equipe programaria períodos de preparação e observação para cada membro. Os quatro membros poderiam estruturar os tipos de experiências de desenvolvimento profissional que viriam ao encontro às necessidades específicas de cada membro da equipe. Em vez de precisarem freqüentar oficinas e palestras que o administrador considera apropriadas para toda a escola, os membros da equipe poderiam decidir o que querem e precisam aprender e, então, se organizar para treinarem naquelas áreas. Em um programa como esse, o estagiário teria a oportunidade de atuar inteiramente como um professor, sob a tutela cuidadosa de outros três membros da equipe, e os erros que com certeza cometeria se converteriam em oportunidade de aprendizado e aperfeiçoamento.

Visão de uma escola culturalmente relevante

Comecei este livro com uma pergunta: Os alunos afro-americanos precisam de escolas separadas? Concluo com uma resposta: O que os alunos afro-americanos precisam é de *melhores* escolas. Sustento que as práticas do ensino culturalmente relevante seriam parte essencial dessas escolas. Porém, de que outra maneira poderia ser construída uma escola que sirva melhor às necessidades dos alunos afro-americanos e sua comunidade?

Uma pergunta freqüentemente feita por pessoas de cor, mulheres e outros grupos marginalizados é: "O que é isso que vocês querem?" Surpreendentemente, para alguns, o que essas pessoas querem não é muito diferente do que a maioria dos americanos quer: uma oportunidade de formar e compartilhar do sonho americano. Mas quando essas pessoas dizem o que querem, isso é visto como "separatismo", "racismo invertido" (um estranho conceito), "tribalismo" e "privilégio especial".

Embora eu não possa presumir que falo por toda a comunidade afro-americana, porque ela não é um grupo monolítico, posso tentar expressar as expectativas e desejos dos pais afro-americanos que conheci durante este estudo, e dos professores que dele participaram.

1. Promover autodeterminação educacional. Apesar de não terem usado a palavra autodeterminação, ambos, pais e professores, reclamaram dos mandatos locais, estaduais e federais que organizam escolas e currículos de uma maneira em que eles não são significativos para suas crianças. Um pai falou sobre uma filha que sabia escrever em letra cursiva quando tinha sete anos, mas foi informada de que deveria usar letra de forma porque "Não usamos letra cursiva antes da terceira série". Outro acrescentou: "Se estamos atrasados na turma, somos um problema, e se estamos adiantados, somos um problema. Eles parecem ter em suas mentes um aluno perfeito que nossas crianças nunca poderão ser".

Muitos dos esforços dirigidos para escolas de imersão afro-americana, que discuti no Capítulo Um, são uma resposta a esse apelo por autodeterminação. Esse desejo não é diferente daquilo que todos os pais querem das escolas que seus filhos freqüentam. Pais da classe média dizem às escolas o que eles querem, e esperam que as escolas respondam positivamente às suas exigências.

Lembrei-me de uma reunião entre pais brancos da classe média alta, um diretor e um membro do conselho diretor escolar para discutir o programa de esportes da escola. Ambos, o diretor e o membro do conselho, insistiam que não havia dinheiro no orçamento para financiar o tipo de programa que os pais exigiam.

Repentinamente, um homem se levantou na platéia; parecia que havia acabado de chegar do trabalho – seu paletó estava dobrado sobre seu braço, sua gravata estava frouxa. Ele limpou a garganta e disse, "Deixem-me entender isso. Vocês estão dizendo que não podemos ter o que queremos para nossos filhos". O membro do conselho respondeu, "Não é que não queiramos dar o que vocês querem, mas não há dinheiro". O pai ajeitou os ombros, olhou diretamente para o membro do conselho, e disse em tom calmo e imparcial "Agora, escute. Essas são nossas escolas e nós podemos ter *qualquer coisa* que queiramos. Se vocês não podem nos dar isso, vamos nos livrar de vocês e encontrar alguém que possa".

Quer ele estivesse ou não apenas esbanjando força, a mim não importava. Fui pega de surpresa pelo absoluto poder pessoal que ele exibiu. Ele tinha uma clara compreensão de autodeterminação e de seu acesso a isso. E, de fato, seis meses depois, o programa de esportes foi aprovado. O diretor havia morrido de ataque cardíaco (infiro aqui uma relação não causal).

2. Honrar e respeitar a cultura dos lares dos alunos. Muitos críticos interpretam isto para significar que os defensores da educação afro-americana e os pais querem suplantar o currículo inteiro com um currículo "africano". No entanto, o que vejo pais, professores e ativistas da comunidade defenderem é simplesmente uma fiel e justa representação da cultura afro-americana no currículo escolar.

A experiência típica nas escolas é um desprezo da cultura africana e afro-americana. De fato, há uma negação de sua existência real. A linguagem que os alunos trazem com eles é vista como sendo deficiente – uma corrupção do inglês. As organizações familiares são consideradas patológicas. E as contribuições históricas, culturais e científicas dos afro-americanos são ignoradas ou dadas como triviais.

A fim de ajudar os professores a compreenderem a riqueza e força da cultura afro-americana, um colega e eu realizamos oficinas nas quais pedimos aos professores para imaginarem que os afro-americanos são recém-chegados neste país, como muitos outros imigrantes recentes. Que espécie de América eles encontram? Embora a questão não tenha nenhuma resposta correta e apele para que os professores usem uma certa imaginação histórica, ela tipicamente produz uma longa lista de contribuições culturais e uma visão de um Estados Unidos muito diferente. Por exemplo, professores sugeriram que não teríamos a rica herança musical determinada pelos *blues, jazz* e *gospel*. Outros sugeriram que a consciência moral da nação talvez não tivesse sido engrandecida sem a experiência do movimento dos direitos civis. Muitos professores sugeriram que o país seria irreconhecível porque talvez tivéssemos fracassado em progredir para além das treze colônias originais sem o trabalho escravo dos afro-americanos que desenvolveram a economia do sul. Quase sempre, alguém sugeria que algum outro grupo estaria "na base" de uma sociedade que insiste em classificação cultural.

Sempre terminamos essas aulas pedindo aos professores que mantenham a lembrança dessas contribuições no primeiro plano de suas mentes quando lecionam crianças afro-americanas. Dessa forma, eles se lembrarão de que estão ensinando a crianças que são herdeiras de uma grande tradição de arte, música, dança, ciência, invenção, oratória e assim por diante.

3. Ajudar alunos afro-americanos a compreenderem o mundo como ele é e equipá-los para mudá-lo para melhor. Quando meu filho estava na primeira série, ele era a única criança afro-americana em sua classe. Sua professora, uma mulher afro-americana, parecia particularmente rigorosa com ele. Como jovem mãe, eu estava consternada com o que entendia como um tratamento injusto. Numa reunião de pais e mestres, ela me disse "Tenho visto muitas crianças negras, especialmente meninos, se meterem em confusão nessa escola. Estou sendo dura com ele porque ele tem que ser forte bastante para resistir". Não gostei do que ela disse, mas sabia que ela estava certa. Não podia isolar meu filho das realidades do racismo. Ele *realmente* precisava de uma experiência escolar que o fizesse melhor preparado do que seus colegas brancos.

Crianças afro-americanas não podem se dar ao luxo de se proteger com uma visão açucarada do mundo. Quando seus pais e vizinhos sofrem humilhações pessoais e discriminação por causa de sua raça, os pais, professores e vizinhos precisam explicar porque. Porém, além daquelas explicações, os pais, parentes, professores e vizinhos precisam ajudar a armar as crianças afro-americanas com o conhecimento, habilidades e atitudes necessárias para lutarem com sucesso contra a opressão. Essas, mais que os resultados de testes, mais que as médias de notas altas, são as características críticas da educação para afro-americanos. Se os alunos devem ser equipados para lutar contra o racismo, precisam de habilidades excelentes, desde os fundamentos de leitura, escrita e matemática, à compreensão da história, pensamento crítico, solução de problemas e tomada de decisões; eles devem ir mais longe que meramente preencher quadradinhos de folhas de teste com lápis número 2.

Então, como se pareceria uma escola que oferecesse esse tipo de experiência? Pode-se apenas especular, mas tendo passado dois anos em oito salas de aula que tentaram concretizar esses tipos de experiência, estou disposta a colocar no papel algumas especulações.

Theodore Sizer freqüentou a *Horace's School* (1992). O antigo Secretário de Educação, William Bennett, a James Madison High School (1987). Deixem-me imaginar o que chamarei de Escola Elementar Paul Robeson.

A escola elementar Paul Robeson está localizada em uma comunidade de baixa renda, predominantemente afro-americana. Mais que uma simples escola, Robeson é um centro de vizinhança e local de encontro que fica aberto das seis da manhã às dez da noite. Inclui uma creche, uma pré-escola, um posto de saúde e um centro de treinamento de trabalho. Os grupos locais cívicos e paroquiais usam a escola como local de reuniões. Se alguém precisa de informações sobre a comunidade, a escola é o lugar provável para obtê-la.

A faixa que cruza o corredor principal da escola diz: "É preciso uma vila inteira para educar uma criança". A equipe de professores da Robeson é multicultural. Há professores afro-americanos, latinos, ásio-americanos e brancos. No entanto, todos os adultos credenciados na Robeson, não apenas os professores, dão aulas – o diretor, o conselheiro, os professores de atendimento especial. Isso significa que as turmas são relativamente pequenas – de doze a quinze alunos. Não há programas de "retirada", como aqueles usados por muitos programas com financiamento federal, que exigem que os alunos sejam retirados de suas salas de aula regulares para receberem aulas de recuperação enquanto, simultaneamente, privam os alunos das atividades que estão ocorrendo na sala de aula. Não há "dias especiais" de aulas separadas para alunos avaliados como deficientes de aprendizagem. Em vez disso, alunos com deficiências de aprendizagem são integrados dentro das salas de aula normais e recebem atenção adicional, com a ajuda de auxiliares de professor, do professor e de colegas mais adiantados.

Robeson tem uma exigência – que seus alunos sejam bem-sucedidos. O currículo é rigoroso e excitante. O aprendizado do aluno é organizado em torno de problemas e questões. Por exemplo, uma turma de quarta série está estudando como as cidades se desenvolvem. Os alunos estudaram cidades nos reinos africanos antigos, na Europa e na Ásia. Estão estudando sua própria cidade. Fizeram excursões à Prefeitura e viram a Câmara Municipal em ação. O prefeito visitou sua sala de aula. Nos eventos em curso, leram as notícias sobre a cidade. Grupos de alunos estão trabalhando em soluções de problemas específicos de sua cidade. Os problemas incluem o déficit do orçamento da cidade, os sem-teto, as condições ruins das rodovias e o crime – particularmente crimes relacionados às drogas.

Os alunos leram a poesia de Carl Sandberg sobre sua amada Chicago. Estudaram arquitetura – prédios e pontes. Estudaram geografia e planejamento urbano. Escreveram cartas ao editor de um jornal da cidade sobre as condições da cidade e da sua vizinhança. Cada aluno é um "especialista" em algum aspecto de cidades. Juntos, estão planejando uma exposição que será mostrada à noite, assim os pais e outros membros da comunidade poderão comparecer.

Todos os alunos da escola elementar Robeson participam de um programa de serviço comunitário. Os alunos das primeiras séries geralmente participam como um grupo da turma. As atividades de serviço comunitário incluem visitar um abrigo de velhos local, onde os alunos participam do programa Adote um Avô/Avó. Eles também participam dos dias de limpeza da vizinhança e das iniciativas de reciclagem. Os alunos mais velhos desenvolvem seus próprios projetos de serviço comunitário, que são aprovados pelos professores. Eles geralmente trabalham em pequenos grupos ou em duplas. Ocasionalmente, as turmas intermediárias se encarregarão de projetos como: tornarem-se leitores na biblioteca local, voluntários no departamento de pediatria do hospital, ou plantarem e manterem um jardim comunitário.

Os pais desempenham um papel importante na Robeson. Cada família deve dedicar vinte horas de trabalho voluntário para a escola. Alguns são voluntários uma hora por semana na sala de aula. Outros participam do programa da escola Artistas e Acadêmicos em Casa. Os pais que participam do coro da igreja local oferecem suas habilidades musicais. Outros partilham seus talentos de culinária, costura, tricô, trabalhos em madeira ou atletismo.

A administração escolar em Robeson envolve o diretor, os professores, os pais e os alunos. O conselho escolar se reúne uma vez por mês para discutir o currículo, o ensino, pessoal e finanças. Os membros do conselho determinam a política escolar, as questões de contratação e demissão, e elegem a comissão disciplinar da escola.

Uma das qualidades exclusivas de Robeson é seu programa de residência. Por trabalhar com as agências de assistência social locais, Robeson obteve o uso de um pequeno prédio de apartamentos reformado nas proximidades, para alojar alunos cujas vidas familiares estão tumultuadas. Na melhor das hipóteses, os alunos passam apenas pouco tempo na residência; em alguns casos desafortunados, passam o ano inteiro lá. Vivendo num centro dentro de sua própria comunidade, eles não têm que deixar Robeson ou a vizinhança que conhecem. A residência não é para alunos com problemas disciplinares. É projetada, simplesmente, para aliviar estresses familiares.

Como um testemunho do sucesso da escola elementar Robeson, seus alunos se classificam acima do modelo nacional nos testes padronizados, mas Robeson não faz um estardalhaço sobre seu desempenho na pontuação dos testes. A comunidade escolar sabe que em um ambiente de cuidado e suporte, onde todas as crianças são levadas a se sentirem especiais, os resultados dos testes são apenas um dos sinais de realização que podem ser esperados.

Essa escola fictícia, a Escola Elementar Paul Robeson, tem fundamento na realidade. Na descrição de Cartwright a respeito de sua gestão como diretora de uma escola do centro da cidade na Filadélfia, ela se referiu a muitas das características esboçadas nessa visão de um ambiente educacional eficaz para alunos pobres afro-americanos. Sua escola supria muitos serviços que os lares dos alunos não podiam prover, e não era crítica nem em relação aos alunos, nem aos seus pais (1993). Além disso, cada uma das características descritas aqui está presente, de alguma maneira, em algumas escolas do país. Ao consolidá-las todas em um pacote completo, tentei desenvolver uma visão de uma escola culturalmente relevante.

A escola Robeson é um lugar onde as oito professoras que apresentei neste livro encontrariam um abrigo ideológico. Suas altas expectativas seriam a norma. A idéia de ligar o aprendizado do aluno à cidadania ativa através dos serviços comunitários seria uma idéia extensiva a toda a escola. Sua compreensão da cultura dos alunos como um aspecto valioso e essencial do seu ensino e do aprendizado dos alunos, seria partilhada por toda a comunidade escolar.

De fato, minha imaginação da escola elementar Robeson não é tão absurda como se pode acreditar. O comprometimento das oito professoras com quem trabalhei me dá esperança enquanto formadora de professores, comprometida com ajudar novos professores a refletirem cuidadosamente sobre o que significa lecionar para capacitação pessoal e libertação. Conforme olho para trás em meu trabalho com essas guardiãs de sonhos, estou atenta ao significado que os sonhos têm tido para os afro-americanos. Dos cantos religiosos dos afro-americanos escravizados à poderosa oratória dos líderes dos direitos civis, os sonhos dos afro-americanos desafiaram o "Sonho Americano" a se fazer manifesto para aqueles cidadãos que foram excluídos da cidadania plena. Os afro-americanos acreditaram que enquanto continuassem a sonhar, haveria uma razão para olhar em direção ao amanhã. Um dos meios mais tangíveis para esses sonhos tem sido a educação – mesmo quando ela é precária e alienante. Os afro-americanos acreditaram que, de alguma maneira, a educação poderia tornar seus sonhos, realidade. Eu também acredito e tenho esperança de que se podemos sonhar isso, com certeza, podemos fazê-lo.

Apêndice A:
Metodologia

Para alguns leitores, o significado deste trabalho repousará na história do magistério, em si mesma – o "que". Para outros, residirá nas suas possibilidades de repetição e experimentação. – o "como". É para o último grupo que este apêndice é dirigido.

A intenção do estudo foi documentar a prática de professores altamente eficientes de alunos afro-americanos. Utilizando a "sabedoria da prática" de professores experientes e respeitados (SCHULMAN, 1987, p. 1-22), tentei construir um perfil de prática eficaz que pode ser usável na formação e desenvolvimento profissional de professores.

Este livro é baseado em um estudo etnográfico utilizando quatro componentes: seleção de professores, entrevistas com professores, observações e gravações em vídeo em salas de aula, e interpretação coletiva e análise. A metodologia do estudo é importante porque envolve o tipo de observações em profundidade em andamento "próximas à sala de aula", que permitem ao pesquisador compreender os padrões e rotinas da sala de aula (SCHULMAN; MESA-BAINS, 1993).

Cada professora selecionada foi entrevistada e cada uma delas concordou em participar em uma pesquisa colaborativa que analisaria e interpretaria os dados e o trabalho ao mesmo tempo, para entender sua competência coletiva.

Para documentar seu trabalho, concordaram em permitir que partes de suas aulas fossem gravadas em vídeo e que esses vídeos fossem partilhados pelo grupo. A premissa básica foi contrária à sugestão de que professores capacitados trabalham em um nível intuitivo ou automático (BERLINER, 1988). O estudo assumiu que, na presença de outros professores capacitados, os professores são capazes de explicar e definir as práticas exemplares que observam. O estudo tentou redefinir os papéis de pesquisador e "informante" e "evitar algumas das armadilhas de tendenciosidade do pesquisador e distorção do fenômeno cultural." (LADSON-BILLINGS, 1991, p. 227-244).

A decisão de conduzir a pesquisa dessa maneira foi fortemente influenciada pela noção de "Afrocentricidade" de Asante (1987) e pela epistemologia feminista negra de Collins (1991).

O afrocentrismo (AFROCENTRISM, 1991) é mais do que informação ou conhecimento de compêndios sobre africanos e afro-americanos. Representa a construção de uma nova tradição acadêmica. Incluída nessa tradição está uma abordagem da investigação acadêmica que seja "consistente com a maneira pela qual as pessoas descendentes de africanos vêem e experimentam o mundo" (LADSON-BILLINGS, 1991, p. 227-244). Conduzindo a pesquisa em estilo verdadeiramente colaborativo, o processo e resultados da pesquisa refletiram interpretações e análises por parte dos professores que observei como facilitadores e diretores das atividades pedagógicas. O que fez com que esta pesquisa passasse de meramente colaborativa para afrocêntrica é que cada participante concordou que a criança e a comunidade afro-americanas eram os *sujeitos* e não os *objetos* do estudo. Do começo ao fim, a abordagem foi perguntar o que poderia ser aprendido dos alunos afro-americanos e de seus professores, que mantém a integridade de sua cultura e sua visão de mundo. Resistimos ao impulso de fazer comparações entre alunos afro-americanos e alunos brancos da classe média. Em resumo, trabalhamos com a hipótese de que os alunos afro-americanos e seus pais demonstram comportamento normativo e agem racionalmente, tomando decisões que fazem sentido. Em nenhum momento em nossas deliberações delimitamos o comportamento dos alunos ou dos pais dentro da linguagem da patologia.

Essa saída da forma tradicional de investigação educacional significa que a objetividade não era, necessariamente, a prioridade – a prioridade era a autenticidade e realidade das experiências do professor. Meu papel era representar aquelas experiências, tão precisamente quanto possível, enquanto compreendia que "nenhuma pesquisa é sempre sem valores iniciais, crenças, concepções e pressuposições condutoras a respeito da matéria que está sob investigação" (SIROTNIK, 1991, p. 241).

Seleção de professor

Os professores foram selecionados para esse estudo através de um processo que Foster denominou "indicação da comunidade" (1991, p. 70-97). Isso significa que os pesquisadores recorrem a membros da comunidade e veículos autorizados da comunidade (por exemplo, jornais e organizações da comunidade) a fim de julgarem pessoas, lugares e coisas dentro dos seus próprios ambientes. Dessa forma, os professores foram indicados por pais afro-americanos (nesse caso, todas eram mães) que freqüentavam as igrejas batistas locais. Depois dos cultos das manhãs de domingo, pais com filhos em idade escolar (idades de sete a dezenove anos) foram solicitados a se reunirem comigo. Acostumados a verem a igreja como um canal de informações importantes sobre questões educacionais, políticas, sociais, culturais e econômicas, os pais não consideraram estranha essa solicitação. Minha familiaridade e ativa participação na comunidade também facilitaram esses encontros.

Nesses encontros, pediu-se aos pais que sugerissem os professores da escola elementar do bairro que acreditavam serem eficazes com seus filhos. A discussão começou com os pais esclarecendo o que queriam dizer com eficazes. Além das idéias convencionais sobre os alunos terem boas notas, terem boa classificação nos testes padronizados, concluírem o ensino médio, irem para a universidade e conseguirem bons empregos, os pais expressaram um interesse numa educação que ajudasse as crianças a manterem uma identificação positiva com sua própria cultura. Um dos pais expressou esse desejo de forma convincente: "Eu apenas quero que ele se garanta na sala de aula sem se esquecer de quem ele é na comunidade". As preocupações dos pais refletiam suas próprias experiências de verem alunos afro-americanos com alto desempenho se tornarem socialmente isolados para serem bem-sucedidos.

A citação de McLaren das observações de Fine, sobre alunos urbanos com alto desempenho, confirma a realidade dos problemas que esses pais temiam. Tais alunos são caracterizados por "um moderado nível de depressão, ausência de consciência política, presença de sentimento de culpa, baixa assertividade e alta conformidade" (1989, p. 215).

Quando os pais foram perguntados se acreditavam que nas escolas de sua vizinhança havia professores que reuniam as qualificações que indicaram, eles admitiram que havia poucos, mas que eles realmente existiam. As qualidades que os pais identificaram nesses professores incluíam disposição para incluir os pais como parceiros ativos no processo educativo, sem serem arrogantes e condescendentes; pretensão da excelência acadêmica, incluindo rigor intelectual e desafio; habilidade para disciplinar os alunos sem lançar mão de comportamento exigente e abusivo. Eles também observaram que o entusiasmo de seus filhos para com aquelas classes (normalmente indicado por sua resistência em ficar em casa por causa da escola). Os pais identificaram dezessete professores (num município que inclui sete escolas fundamentais e uma escola média, para um total de quase duzentos professores).

Para verificar as indicações, consultei os diretores das oito escolas. Em uma escola, onde a gestão do diretor era de menos de cinco anos, os colegas docentes também foram consultados. Pedi aos diretores e aos colegas que identificassem aqueles professores que acreditavam ser os mais eficazes com alunos afro-americanos, e informassem que critérios usavam para tomar essa decisão. Os dois critérios foram os mesmos daqueles dos pais, a habilidade dos professores de manejar a sala de aula (muitas vezes simbolizada pelas poucas solicitações da assistência e intervenção do diretor para a disciplina dos alunos) e melhorar a freqüência dos alunos; outros incluíram os ganhos dos alunos nos testes padronizados.

Tabela A.1. – Perfil de professor bem-sucedido.

Professor	Raça	Anos de Experiência	Faculdade	Cultura de Magistério	Ambiente Referência
Winston	B	40	Normal	Bi	RB/RN/UN
Valentine	N	25	FHN	N	UN/SBN/UN
Rossi	B	19	CB	B	UN/SB*/UN
Hilliard	N	15	EB	N	UN*/UN
Devereaux	N	21	EB	N	UN*/UN
Dupree	N	22	FHN	N	RN/UN
Harris	N	31	FHN	N	RN/UN*/UN
Lewis	B	12	EB	N	UN

Chave

N = Negra
B = Branca
FHN = Faculdade Historicamente Negra
CB = Católica Branca
EB = Estadual Branca
Bi = Bicultural

RB = Rural Branca
UN = Urbana Negra
RN = Rural Negra
SB = Suburbana Branca
SBN = Suburbana Branca/Negra
* = Escola Particular

Os diretores e colegas identificaram vinte e dois professores. Nove candidatas foram indicadas por todos – os pais, diretores e colegas. Essas professoras que foram indicadas por ambos os grupos compuseram a amostra. No entanto, quando as nove professoras foram abordadas para participar do estudo, uma recusou por falta de tempo e outras razões pessoais.

Entrevistas com professor

Cada professora concordou em participar de uma entrevista etnográfica (SPRADLEY, 1979). Apesar de eu haver planejado uma tentativa de protocolo de entrevista, minha verdadeira intenção era simplesmente ter uma boa conversa com cada uma delas.

As perguntas de minha entrevista inicial eram as seguintes:
1. Diga-me alguma coisa sobre seus antecedentes. Quando e onde você estudou? Quando e onde você começou a lecionar?

2. Como você descreveria sua filosofia de ensino? O que você acha que "funciona"?
3. Você pode pensar em alguma característica que os jovens afro-americanos, enquanto grupo, trazem para a sala de aula?
4. Que tipos de coisas você fez na sala de aula que facilitaram o sucesso acadêmico dos alunos afro-americanos?
5. Quanto do que você sabe sobre lecionar crianças afro-americanas, aprendeu como resultado do curso de formação de professores, tanto como professora estagiária, quanto como professora em serviço?
6. Se você pudesse revisar a formação de professores, de modo que os professores fossem mais eficazes com alunos afro-americanos, que mudanças você faria?
7. Que tipo de papel você acredita que os pais desempenham no sucesso dos alunos afro-americanos? Como você descreveria os tipos de relacionamentos que teve com pais de alunos que você lecionou?
8. Como você conduz a disciplina? Há coisas especiais que professores de crianças afro-americanas deveriam saber sobre disciplina?
9. Como você lida com a possível incompatibilidade entre o que você quer ensinar e o que você tem que ensinar com (por exemplo, materiais e suprimentos)?
10. Como você lida com a possível incompatibilidade entre o que você quer ensinar e o que a administração (diretor da escola ou superintendente do distrito escolar) quer (por exemplo, curriculares, mandatos, filosofias)?
11. De que maneira você acha que a experiência de escolarização dos alunos que você leciona difere daquela de alunos brancos em comunidades de classe média?

Embora cada professora fosse perguntada e respondesse a todas as questões da entrevista, as professoras, individualmente, enfatizaram diferentes questões. Algumas falaram extensivamente sobre seus antecedentes e primeiras experiências de escolarização. Outras falaram mais sobre suas preocupações atuais. Diferentes perguntas complementares foram feitas a todas as professoras, dependendo dos tipos de respostas que as professoras deram originalmente.

Cada entrevista foi gravada e depois transcrita. As professoras receberam uma cópia da transcrição e foram solicitadas a checar os erros, tanto de fato quanto de intenção. As entrevistas editadas foram, então, redigitadas. As entrevistas foram codificadas, usando-se o programa de computador *Ethnograph*, para buscar palavras-chave e frases. Depois as entrevistas fora codificadas à mão, buscando-se temas relacionados à pedagogia e à cultura. Através desse processo de codificação, fui capaz de chegar a um modelo indutivo de características do ensino culturalmente relevante. Devido à natureza experimental desse modelo e do receio de influências indevidas no comportamento das professoras e nas nossas conversas em andamento, não usei o termo "culturalmente relevante" com elas nesse ponto do estudo; pela mesma razão, não dei a elas as entrevistas codificadas.

Cada professora recebeu um conjunto com todas as oito entrevistas transcritas. As entrevistas forneceriam um ponto de partida para nossa primeira reunião de grupo. Foi nessa reunião que conversamos como um grupo, sobre a natureza de nosso trabalho em conjunto. As professoras apoiaram a idéia de que elas formariam uma pesquisa coletiva, na qual sua competência definiria sua prática, e na qual elas interpretariam e analisariam os vídeos, umas dos outras, lecionando.

Observações de sala de aula

As observações de sala de aula foram feitas de setembro de 1989 a junho de 1991. Tentamos criar uma agenda para minhas visitas, mas as professoras também concordaram com visitas não agendadas. Devido a projetos ou programas especiais, às vezes eram necessárias visitas mais longas, enquanto outras vezes eles levaram a um cancelamento.

As observações normalmente duravam de noventa minutos a duas horas. Tentei visitar tanto de manhã quanto de tarde. Essa agenda me permitiu visitar cada sala de aula pelo menos uma vez por semana. No decorrer do estudo, fiz aproximadamente trinta visitas a cada sala de aula. A duas das salas (as de Lewis e Devereaux), fiz vinte visitas adicionais para um estudo mais focalizado do programa de letramento.

Durante as visitas foram feitas gravações e anotações de campo escritas, que eram reescritas imediatamente depois. As observações de sala de aula também foram seguidas de uma reunião *in loco* com a professora específica, quando possível. Em uns poucos casos, a reunião pós-observação foi feita por telefone na noite da observação.

Como pesquisadora universitária, funcionei como uma observadora-participante das atividades da sala de aula. Nesse papel, às vezes eu servia como tutora ou auxiliar de professora, e membro do grupo dos alunos. Dentro de poucos meses, desenvolvi um certo entendimento com cada turma e minha presença não parecia ser uma distração para a rotina regular e as atividades.

Durante a primavera de 1990, comecei a filmar as atividades de sala de aula. Num primeiro momento as professoras estavam relutantes em serem filmadas, mas concordaram em fazer isso com a condição de que os vídeos não seriam vistos fora do nosso grupo de pesquisa. Comecei deixando o filme correr durante todo o tempo da observação; mais tarde selecionei partes da prática de ensino (para exame pela pesquisa coletiva). Não rearranjei elementos na sala de aula para realçar a qualidade dos vídeos (por exemplo, para obter melhor luz, etc.) porque queria minimizar a inconveniência da câmera. Dessa maneira, a qualidade visual dos vídeos é medíocre. No entanto, as práticas de ensino eram visíveis o bastante para os propósitos de nosso grupo.

Análise e interpretação coletivas

Interpretar e analisar os dados dessa pesquisa foi excitante e frustrante e, no fim das contas, muito produtivo. Ajudou-me a repensar o que eu pensava sobre *pesquisa*. Questionei meu papel como pesquisadora e desenvolvi um maior respeito pela competência das professoras. Em um desafio à idéia (de automação entre especialistas) de Berliner (1988), afirmei que mesmo que especialistas possam funcionar em um nível intuitivo e automático, a presença de outros especialistas pode possibilitar que aqueles descrevam suas práticas.

Apesar de eu ter encontrado com cada professora individualmente para entrevistá-la, observar sua prática e manter reuniões pós-observação, nossas reuniões de grupo iniciais fizeram-me lembrar de algo que o cineasta Spike Lee disse sobre uma cena de seu filme *Jungle Fever*. Essa cena envolvia um grupo de mulheres afro-americanas lamentando o interesse que os homens afro-americanos demonstram pelas mulheres brancas. É considerada uma das mais realistas cenas do filme. Lee disse que em vez de tentar escrever a cena, deixou que as atrizes falassem espontaneamente sobre um assunto pelo qual tivessem sentimentos genuínos.

Durante nossas primeiras reuniões, falávamos sobre crenças filosóficas e teóricas sobre o magistério, os alunos e o currículo. Cada professora trouxe seu conjunto de entrevistas transcritas e muitas vezes faziam referências diretas a alguma coisa que outra professora havia dito em sua entrevista.

Por volta da terceira reunião, eu tinha vários vídeos de algumas das participantes para partilhar com o grupo. Durante essa fase da pesquisa, eu ainda estava envolvida em observar e filmar as professoras enquanto o grupo estava começando a analisar e interpretar esses vídeos.

Por dez reuniões, tivemos oportunidade de assistir partes de aulas filmadas e apresentar análise e interpretação. Perto do final do projeto, tivemos dois encontros adicionais para conversar sobre o que tínhamos aprendido e o valor desse tipo de colaboração profissional.

De vez em quando uma professora sugeria que não se lembrava de algo mostrado no vídeo ou não sabia porque havia feito aquilo. Cada vez que isso acontecia outra professora (ou professoras) oferecia uma sugestão. Essas sugestões ajudavam as professoras a repensar suas práticas e confirmar ou não confirmar a explanação sugerida. Aos poucos, começamos a construir um modelo de ensino compatível com o modelo indutivo que decorreu da análise dos dados da entrevista. Para checar os conflitos do modelo, planejei um questionário com cinco pontos da escala Likert, no qual os membros do estudo classificavam (desde "concordo plenamente" ate "discordo plenamente") enunciados positivos sobre as práticas pedagógicas culturalmente relevantes e assimilacionistas. (Por exemplo, havia um enunciado no questionário que dizia "Acredito que todas as crianças podem ter sucesso", e outro enunciado mais abaixo no questionário, que dizia "Não importa quanto tente, sempre há alguns alunos que não posso alcançar"). Como era esperado, as professoras tiveram uma pontuação alta na parte culturalmente relevante do questionário. Essa medida mais quantitativa serviu como uma confirmação da análise qualitativa.

Autocrítica

A decisão de trabalhar coletivamente com essas professoras foi uma reafirmação do meu compromisso com conduzir a pesquisa de maneira que respeitasse os participantes e beneficiasse os afro-americanos. Como uma pesquisadora coletando dados sobre professores competentes, eu precisava estar disposta a confiar em seus julgamentos sobre sua prática. Em virtude de todas serem versadas em cultura afro-americana, fui capaz de permitir normas, valores e estilos de comunicação afro-americanos para ajudar a configurar o projeto. Desse modo, nossas conversas eram normalmente animadas, com as participantes se sobrepondo, interrompendo e completando as respostas umas das outras. As convenções de comunicação e civilidade afro-americanas significavam que os estágios iniciais de nossas reuniões colaborativas sempre envolviam conversas pessoais. No entanto, o grupo esperava que eu mantivesse todas atarefadas e que levantasse questões de sondagem se ficássemos emperradas durante a análise. O grupo avaliou a experiência de pesquisa coletiva como positiva – de fato, como uma forma de desenvolvimento profissional mais valiosa que qualquer outra que tivessem experimentado anteriormente.

Apesar de considerar este projeto de pesquisa valioso e bem-sucedido, sempre há um período de repensar e reconsiderar. Eu me pergunto como poderia tê-lo feito de maneira diferente. Por exemplo, poderia ter mantido toda minha observação focalizada numa área do conhecimento, como letramento. Todavia, pelo fato de ser uma pesquisadora sozinha observando oito salas de aula, tive que observar em qualquer tempo que pude. Isso significa que as observações aconteceram tanto de manhã, quanto à tarde; assim, uma variedade de assuntos era ensinada quando eu observava.

Do lado positivo, acredito que estudar o coletivo de oito professoras foi, de longe, mais frutífero do que focar na prática de uma ou duas professoras. Além do estudo das professoras e sua pedagogia, meu interesse em novas metodologias ou novas maneiras de pesquisar foi igualmente intenso. Algumas vezes os pesquisadores consideram sua metodologia como verdade absoluta, como se não houvesse mais nenhuma outra forma de responder a suas questões. Contudo, do começo ao fim deste estudo, continuei a me perguntar se havia ou não melhores maneiras de coletar informações sobre a prática de ensino. Estava impressionada com quão cuidadosamente as professoras transmitiam suas práticas e quão convincentemente falavam sobre elas. Eu estava desapontada por tão pouco de sua "sabedoria da prática" ter sido difundido na literatura de formação de professores. Os atuais índices demográficos de magistério divulgados pela Associação Nacional de Educação (*National Education Association*) indicam que os professores afro-americanos constituem menos de 5% dos professores de escola pública. Por conseguinte, é mais importante que nunca capturar esta prática a fim de construir uma base de conhecimento da prática pedagógica eficaz para alunos afro-americanos.

Considerações teóricas

Embora os pesquisadores normalmente comecem seus trabalhos com uma explanação de sua posição teórica, escolhi colocar grande parte dessa discussão aqui, no fim do livro, por duas razões. Primeiro, alguns leitores são menos interessados na teoria porque ela pode obscurecer a prática e envolvê-la na retórica. Segundo, alguns leitores podem ver a teoria como uma maneira de delimitar a pesquisa e então se recusam a considerar aquelas questões e eventos que são inconsistentes com a teoria. Por exemplo, uma pesquisadora que declara que seu trabalho está dentro da tradição da teoria crítica pode ser intimada a trabalhar com noções mais "interpretativistas" ou marxistas.

As bases teóricas de minha pesquisa são o que Gollian denomina "epistemologia feminista afrocêntrica" (COLLINS, 1991, p. 208). Essa epistemologia é caracterizada pelo seguinte: (1) Uma base de experiência concreta como um critério de significado, (2) o uso do diálogo, (3) uma ênfase em cuidado, e (4) uma ênfase na responsabilidade individual.

Uma base de experiência concreta

Esta primeira característica, na medida em que se relaciona com a teoria feminista afrocêntrica, sugere que apenas uma mulher negra pode realmente saber o que é ser uma mulher negra. Tão simplista como isso possa soar, sua importância não deve ser minimizada. Ela ressalta o significado de "dois tipos de conhecimento – conhecimento e sabedoria... Para a maioria das mulheres afro-americanas, aquelas pessoas que viveram diretamente as experiências sobre as quais alegam serem especialistas, são mais confiáveis e críveis que aquelas que meramente leram ou refletiram sobre tais experiências" (COLLINS, 1991, p. 208-209). No contexto deste estudo, as experiências concretas das professoras têm primazia sobre teorias. Ensinar é explicado por aquelas que ensinam; neste caso, por aquelas que ensinam bem.

O uso do diálogo

Criar relacionamentos iguais através do diálogo é outra importante característica dessa teoria. "Diálogo implica conversa entre dois sujeitos, não discurso de sujeito e objeto. É um discurso humanizador, que desafia e resiste à dominação" (HOOKS, 1989, p. 131). Ao "falar com" em vez de "falar para" outras mulheres negras, as mulheres afro-americanas têm a oportunidade de desconstruir a especificidade de suas próprias experiências e fazer conexões com as experiências coletivas de outras. O dar e receber do diálogo torna a busca mútua pelo sentido uma poderosa experiência de autodefinição e autodescoberta. O trabalho de Casey detalhando histórias de vida de professoras é baseado somente na análise do diálogo das professoras (1993).

O diálogo foi usado e valorizado neste estudo. Desde as minhas primeiras discussões com os pais, até as entrevistas etnográficas, e as conversas entre o grupo de professoras, o diálogo levou ao conhecimento. O diálogo foi ao mesmo tempo explanatório e libertador. Permitiu às professoras verem a si mesmas numa variedade de posições – como professoras, críticas, especialistas, alunas, amigas.

Uma ênfase no cuidado

As feministas brancas identificaram o cuidado como uma peculiaridade do aprendizado das mulheres (NOODINGS, 1984). Porém, Collins reitera sua centralidade para a vida e aprendizado das mulheres negras. "A ética de cuidar sugere que a expressividade, emoções e empatia pessoais são fundamentais para o processo de validação do conhecimento" (COLLINS, 1991, p. 215). Ela salienta que essas idéias convergentes das mulheres brancas e negras sobre cuidado, não negam sua importância para desenvolver e compreender uma epistemologia feminista afrocêntrica: "A convergência dos valores afrocêntricos e feministas na ética do cuidado parece especialmente pronunciada. As mulheres brancas podem ter acesso a uma tradição das mulheres valorizando emoção e expressividade, mas poucas instituições eurocêntricas, excetuando a família, validam essa forma de conhecer. Em contraste, as mulheres negras há muito têm tido o apoio da igreja negra, uma instituição com raízes profundas no passado africano e uma filosofia que aceita expressividade e uma ética de cuidado" (COLLINS, 1991, p. 217).

Cada participante neste estudo exibiu a ética do cuidado. Mesmo que o grupo fosse um grupo integrado, de negras e brancas, todas demonstraram essa ética do cuidado. Creio que há pelo menos duas explicações para isto. Em virtude de todas sermos mulheres, a importância do cuidado foi expressa tanto implícita como explicitamente. Por exemplo, elas falavam sobre o quanto se importavam com o que acontecia com os alunos, e durante minhas observações de sala de aula vi a maneira como se preocupavam com os alunos enquanto pessoas. Além disso, porque as mulheres afro-americanas constituíam a maioria, elas podem ter sido capazes de "dar o tom" e determinar o "ethos" cultural do grupo.

Uma ênfase na responsabilidade individual

A última característica da epistemologia feminista afrocêntrica sugere que afirmações de conhecimento devem ser fundamentadas no indivíduo. O discurso imparcial e "objetivo" do homem branco permite a pessoas com *status* radicalmente divergentes, socializarem e se misturarem em particular; em contraposição, uma epistemologia feminista afrocêntrica traz as qualidades privadas para aplicá-las em pontos de vista públicos. Dessa forma, tanto *o que* foi dito, como *quem* disse, dão significado e interpretação às afirmações.

Collins afirma o seguinte: "A ética da responsabilidade individual é claramente um valor afrocêntrico, mas é igualmente feminista?... Há um modelo feminino para o desenvolvimento moral, por meio do qual as mulheres são mais inclinadas a associar moralidade com responsabilidade, relacionamentos e a habilidade de manter vínculos sociais. Se esse é o caso, então as mulheres afro-americanas novamente experimentam uma convergência de valores proveniente das instituições afrocêntricas e femininas" (COLLINS, 1991, p. 218-219).

O proeminente papel dos pais ao determinarem quais os professores que representavam o padrão de excelência é um testemunho dessa idéia de responsabilidade individual. Além disso, durante o tempo em que as professoras e eu nos reuníamos, elas começaram a depender de, e a confiar no julgamento umas das outras, para nomearem e explicarem suas técnicas. Em vez de uma pesquisadora ter que dizer a elas o que estavam fazendo ou o que deveriam estar fazendo, elas contavam com as perspectivas de suas próprias colegas, em conjunto com seus próprios pareceres pedagógicos. Ouvir outras excelentes professoras falarem da prática de cada professora, provou ser uma das mais valiosas experiências do estudo.

Apêndice B:
Contexto

O Apêndice A explicou a metodologia do estudo. Mas, para o antropólogo, o contexto é igualmente significante. Além disso, professores e outros profissionais liberais podem questionar se o contexto deste estudo o torna relevante para seu próprio trabalho. Por essa razão, este apêndice descreve a história e o *status* sociocultural da comunidade onde o estudo foi realizado.

Comunidade de Pinewood

O estudo ocorreu em uma comunidade no norte da Califórnia. Aninhada no meio de abastadas comunidades predominantemente brancas, essa comunidade, que chamarei de Pinewood, é uma anomalia. É, essencialmente, uma comunidade afro-americana e mexicano-americana, de baixa renda, com mais ou menos vinte e cinco mil habitantes. Pinewood se classifica entre as mais pobres em todo e qualquer indicador econômico ou de serviço social. Tem a menor renda *per capita*, os mais altos índices de desemprego e subemprego, a mais alta taxa de evasão escolar, e a mais alta porcentagem do país de gravidez na adolescência. Está combatendo um problema crescente de drogas e uma concomitante taxa de criminalidade incontrolável. Mas Pinewood não foi sempre assim.

Quando me mudei para essa área em 1978, supus que Pinewood havia se desenvolvido em resposta a uma necessidade de mão-de-obra para serviços domésticos nas abastadas comunidades vizinhas, como geralmente acontece. Todavia, Pinewood se desenvolveu de uma forma muito diferente. Desde seus primeiros dias era considerada como estando situada em uma localização economicamente estratégica. Limitada pelo litoral, foi construída em torno de um dos únicos portos viáveis na área. Como área não-incorporada nos anos 1800, não era passível de ser regulamentada pela restritiva lei municipal. Tornou-se uma colônia de aves, povoada por criadores de galinhas e, mais tarde, por cultivadores de cravo. Era também o único lugar onde os bares eram permitidos. Cresceu na mesma velocidade que as comunidades vizinhas.

Depois da Segunda Guerra Mundial, as administradoras de imóveis começaram a ver Pinewood como um lugar excelente para ser especulado. Dessa forma, começaram a convencer os moradores a vender suas propriedades. Para induzi-los a vender, espalharam um boato de que os afro-americanos estavam comprando propriedades ali. Para fazer esse rumor parecer verdade, começaram a distribuir propaganda nas vizinhanças negras próximas ao centro urbano, persuadindo os veteranos negros a usar seus benefícios de soldado (G.I.) para "fugir dos problemas da cidade e se mudarem para os subúrbios", onde poderiam conseguir casas maiores e melhores escolas. Os corretores imobiliários providenciaram até mesmo um ônibus de turismo e almoço grátis para todos que estivessem dispostos a ir ver Pinewood. Esses passeios geralmente aconteciam em dias de semana, a fim de que aqueles disponíveis a ir fossem, na maior parte das vezes, os mais indesejáveis, os desempregados e outros que andavam sem sorte.

Desse modo, os ônibus cruzavam Pinewood lotados de pessoas afro-americanas. Os moradores de Pinewood, na época, observavam atentamente através de suas janelas e assumiam que o boato sobre os negros se mudarem para Pinewood era verdadeiro. Placas de "vende-se" começaram a aparecer em todo lugar. Os moradores se tornaram tão ansiosos por vender, que muitas vezes venderam suas casas para os corretores imobiliários por um preço abaixo do mercado. O corretor, por sua vez, vendia a casa para uma família negra por um preço muito mais alto. Os corretores fizeram uma fortuna negociando imóveis em Pinewood.

Pelo fato de se manter uma área não-incorporada até os anos 1980, Pinewood não tinha as regulamentações governamentais que teriam padronizado os requisitos de construção. Os primeiros moradores criadores de aves queriam a liberdade de possuir grandes e irregulares áreas. No entanto, à medida que Pinewood começou a se urbanizar, a falta de regulamentos e leis de construção se tornou um problema. Enquanto as cidades e metrópoles vizinhas tinham leis que exigiam pelo menos 30,48 metros de frente para cada terreno construído, em Pinewood, por causa do lucro, muitos terrenos de 30,48 metros de frente foram divididos em dois terrenos de 15,24 metros ou, em alguns casos, em três terrenos de 10,16 metros de frente. Hoje, um passeio de carro das cidades vizinhas para Pinewood realça a densidade de moradias que aí existe.

Outro problema que a falta de governo municipal criou para Pinewood foi a incapacidade de impedir o estado de construir uma grande via expressa passando bem no meio da comunidade. A maior parte de Pinewood fica a leste da via expressa, enquanto os poucos brancos que lá permaneceram, ficaram no lado oeste, próximos às cidades vizinhas mais abastadas.

Apesar das proibições de venda de álcool terem sido revogadas nas cidades vizinhas por volta de 1950, a pequena extensão de terra que constitui o centro comercial de Pinewood tornou-se conhecida como "Caminho do álcool" e era freqüentada por pessoas de toda a área. As lojas de bebidas alcoólicas, bares e clubes, não pertenciam aos moradores de Pinewood.

Quando me mudei para aquela área em 1978, Pinewood tinha um supermercado, uma agência de correio, duas sucursais de bancos nacionais, uma agência de poupança e empréstimos, algumas drogarias, uma funerária, uma biblioteca, várias barbearias e salões de beleza, dois postos de gasolina e uma variedade de lanchonetes. Antes de minha chegada, a cidade havia tido um pequeno *shopping center* em um pequeno centro comercial à beira da estrada; mas, por volta de 1978, este foi abandonado e faliu, vítima de um incêndio intencional. Pinewood ainda era não-incorporada e estava sob a jurisdição do condado.

Em 1983, depois da várias tentativas sem sucesso, a comunidade conseguiu ser incorporada como cidade. Hoje, o condado tem reduzido gradualmente seus serviços, e a cidade está lutando para se manter com impostos baixos. Tanto os bancos como a agência de poupança e empréstimo que existiam antigamente, fecharam suas sucursais em Pinewood. O supermercado não é parte de uma rede e seus preços não são competitivos. Além disso, foi citado por violações das normas do USDA (Departamento de Agricultura dos Estados Unidos) sobre o comércio de carne. O shopping center incendiado é um lar para vadios e viciados em crack e cocaína. A agência de correio que fica situada no outro lado da rua do shopping center, está perdendo negócios para um posto de correio mais novo e totalmente equipado, localizado numa cidade vizinha.

Devido à constante atenção da mídia para com o crime em Pinewood, nela não são possíveis comodidades como entrega de pizza em casa. As comunidades locais abastadas foram bem-sucedidas em proceder de maneira ilegal em relação às melhores propriedades de Pinewood, e as venderam a grandes companhias. Dessa forma, Pinewood tem dentro dela corporações que pagam seus impostos para municipalidades vizinhas mais abastadas. Há considerável acrimônia entre os cidadãos de Pinewood e aqueles das comunidades vizinhas. Essa acrimônia penetra nas escolas.

Escolas da cidade de Pinewood[1]

Embora a primeira escola do condado houvesse sido inaugurada em 1852, a parte da história escolar mais importante para Pinewood hoje, começa na época da Segunda Guerra Mundial e no pós-guerra. Como aconteceu com muitas comunidades do país, a Segunda Guerra Mundial provocou um aumento do crescimento das instalações do distrito escolar da cidade de Pinewood. Em 1942, uma ala de cinco salas foi acrescentada à única escola existente (Escola Pinewood) e duas outras escolas foram construídas. Novas subdivisões começaram a surgir do nada, e no final dos anos 1940, o distrito escolar, no limite de sua capacidade de empréstimos, pediu e recebeu 2,5 milhões de dólares de subsídios. A fim de corresponder às exigências, o conselho fiduciário concordou em abandonar ou desfazer-se de prédios declarados inseguros pelos departamentos de serviço público. Foram adquiridas terras e teve início a construção de quatro novas escolas.

---

[1] Esta informação sobre a história do Distrito Escolar da Cidade de Pinewood foi extraída da minha dissertação Citizenship and Values: An Ethnographic Study of Citizenship and Values in a Predominatly Black School Setting. Dissertação inédita, Universidade de Stanford, Stanford, Califórnia, 1984. Os nomes dos lugares e pessoas foram mudados para proteger o sigilo.

Na primavera de 1953, o conselho fiduciário ordenou que a parte antiga da Escola Pinewood, a ala com as salas, e o auditório fossem fechados para os alunos, mas a escola ainda era usada para propósitos administrativos e como depósito. No começo de 1954, o administrador de negócios do distrito viajou para a sede administrativa do estado a fim de dar entrada nas notificações de conclusão dos prédios construídos sob o programa de assistência do estado. Logo depois, o distrito escolar foi informado de que teria que abandonar imediatamente a Escola Pinewood para todos os fins, ou perderia todo o seguro de seus prédios escolares. Conseqüentemente, toda a Escola Pinewood foi desocupada. Perto do fim do ano letivo de 1954-1955, outra escola foi concluída, contendo catorze salas de aula e escritórios administrativos.

O período de 1955 a 1961 foi de rápida expansão no distrito escolar; Pinewood incorporou três prédios escolares – elevando o número total de escolas de Pinewood para onze – e 32 salas de aula foram acrescentadas às várias escolas existentes. Em junho de 1965 começou a construção da décima segunda escola.

No outono de 1967, o distrito escolar de Pinewood contratou seu primeiro superintendente escolar afro-americano, Thomas Mandan. Sob sua liderança, foi formado um comitê de plano mestre para dar início a um planejamento abrangente no distrito e para implantar um programa escolar de ensino individualizado, onde as necessidades individuais de cada aluno fossem identificadas e correspondidas. Esse comitê forneceu a estrutura ou as linhas gerais para a aplicação de um programa que requeria a participação da comunidade e dos pais. Essa estrutura foi a base de uma filosofia instrucional inovadora, que deu aos pais mais poder de decisão no planejamento escolar.

Em 1971, Mandan escolheu Wayne Harmon como assistente superintendente. Harmon havia vindo para o distrito, em 1968, como diretor de uma das escolas. Enquanto diretor, foi aclamado por mudar a imagem da escola, daquela de "depósito de crianças", para uma em que os alunos realmente cresciam e aprendiam. Sob sua gestão, dois temas emergiram na escola: "Negro é bonito" e "Crianças negras podem aprender e de fato aprendem". O crescente envolvimento de Harmon na comunidade de Pinewood tornou-o a escolha lógica para ser o segundo em comando de Mandan.

Em 1972 Mandan renunciou. O conselho fiduciário indicou Harmon superintendente interino e começou uma pesquisa nacional por um novo superintendente. A luta política que surgiu entre o conselho da escola e a comunidade a respeito da seleção de um novo superintendente, resultou na eleição de um conselho fiduciário afro-americano que, subseqüentemente, nomeou Harmon superintendente, em julho de 1973.

Com seu cargo agora garantido, Harmon, junto com um formador de professores afro-americano da universidade estadual local, lançou um ambicioso novo currículo e filosofia instrucional para o distrito escolar. Os princípios essenciais do programa eram: uma filosofia que exigia a participação das famílias e da comunidade nas decisões educacionais; uma estrutura organizacional baseada em um conceito de família ampliada, onde cada professor era responsável por cada criança; alunos agrupados em arranjos de unidade compartilhada; e relacionamento família-escola que ultrapassasse a sala de aula. O novo programa exigiu mudanças tanto no conteúdo como nas técnicas instrucionais. O desenvolvimento de habilidades deveria ser auxiliado pelo conteúdo multicultural e a instrução deveria ser variada, com professores ajudando alunos a desenvolver processos que os ajudassem a aprender como aprender.

Assim nasceu o sonho da excelência educacional e cultural no distrito escolar da cidade de Pinewood. Infelizmente, a realidade está longe do sonho. Como os distritos de suas comunidades circundantes, Pinewood começou a experimentar sinais do declínio escolar ao mesmo tempo em que os preços subiam com a inflação. Para combater esses problemas, o distrito foi forçado a reorganizar e endurecer. No ano letivo de 1973-74, o distrito escolar fechou três escolas e criou um complexo de ensino médio. Agora, o distrito escolar da cidade de Pinewood tinha apenas seis lugares instrucionais – uma creche, uma escola de ensino médio e quatro escolas de ensino fundamental.

No ano letivo de 1974-75, o distrito escolar viveu sua primeira greve de professores, que durou quatro dias. Além da greve de professores, o distrito encarou o desafio de ter que abrir mão da segunda fase do seu plano de reorganização por causa de protestos dos pais. Entre 1975 e 1981, o distrito passou por várias reorganizações. Manteve seis locais educacionais mas, por volta de 1977, quatro escolas eram K-8[2], uma se tornou uma escola K-3 e uma permaneceu um estabelecimento de creche. Por volta do ano letivo de 1981-82, o conselho fiduciário reorganizou novamente o distrito, dessa vez criando quatro escolas K-5 e uma escola média, da sexta à oitava séries.

Essas reorganizações, em si, foram traumáticas, mas se tornaram ainda mais traumáticas por causa das freqüentes mudanças na administração. Em agosto de 1976, Harmon requereu um afastamento de sete meses para aceitar uma bolsa de doutorado numa universidade do leste. No fim desse período, recusou-se a dizer se retornaria para Pinewood. Ambos, o afastamento e sua incapacidade de resposta, chegaram como uma coisa inesperada para a comunidade de Pinewood, em vista das ardorosas batalhas que foram travadas a seu favor durante a luta para nomeá-lo superintendente.

A demissão de Harmon, em 1977, significou que o conselho precisou indicar um superintendente interino mais uma vez e começou outra pesquisa por um superintendente. Trouxeram o Dr. Lawrence Witherspoon, de Nova York, para chefiar o distrito e ofereceram a ele um contrato de dois anos. Não obstante as tentativas de melhorias radicais feitas por Witherspoon, como ele próprio reconheceu não era politicamente astuto e foi forçado a pedir demissão em fevereiro de 1980, quatro meses antes de seu contrato expirar. Foi substituído pelo agora familiar superintendente interino e a busca por um novo líder começou novamente. Desta vez, foi escolhido o Dr. William Banks, um administrador de Detroit. Banks chegou em tempo de executar a reorganização da escola média do distrito – uma reorganização repleta de problemas. Antes de do ano letivo de 19821-1982, Banks foi acusado de incompetência e má administração e foi despedido em seguida. Mais uma vez, um superintendente interino foi nomeado e uma pesquisa foi instituída.

Em outubro de 1982, o conselho fiduciário indicou Dr. Melvin Sands para superintendente. Sands vinha sendo um administrador em vários distritos na parte sul do estado e alegou experiência com distritos similares a Pinewood.

Com todas essas mudanças e reviravoltas ocorrendo no nível superior, o desempenho dos alunos refletia a incerteza e a falta de liderança.

---

[2] K-8 é um tipo de escola que começa com o jardim da infância e vai da 1ª até a 8ª séries. (N.T.)

O distrito continuou a ser atormentado com as classificações nos testes despencando e a alta rotatividade de professores. Desde 1960, um pai de Pinewood havia organizado um programa de "escape", instruindo os pais sobre como esconder os alunos das escolas de Pinewood e como colocá-los nos distritos vizinhos com boa reputação acadêmica. Esse processo durou anos. Eventualmente, utilizando um sistema de depoimentos juramentados, os pais atestavam que pelo menos quatro noites por semana, seus filhos moravam com alguém num distrito vizinho. Um conselho do condado declarou ilegal o sistema de depoimentos juramentados e pôs um fim às deserções em grande escala.

Em 1981, o "Embaraço de Pinewood" foi publicado no jornal local em uma série de artigos. Os artigos demonstraram que quase três mil famílias que moravam dentro dos limites do distrito escolar, haviam optado tanto por enviar seus filhos para escolas particulares, quanto por persistir nas tentativas de "escape". Entre essas crianças, estavam incluídos os filhos de um dos membros do conselho fiduciário e de um ex-membro. Os problemas citados pelo jornal incluíam: a baixa classificação nos testes, a alta taxa de evasão escolar entre os alunos do último ano do ensino médio, a alta rotatividade do corpo de funcionários, e uma investigação do grande júri sobre a administração dos fundos do distrito escolar.

O jornal concluiu que o baixo desempenho do distrito era devido aos seus alunos pobres – muitos deles provenientes de famílias monoparentais. Recomendava que se tentasse "prepará-los para competir (no nível do ensino médio) com algumas das crianças mais privilegiadas do país".

Os problemas de Pinewood eram (e continuam a ser) bem conhecidos pelos altos funcionários do estado. Lá pelos anos 1970, o governador teve que aprovar uma medida permitindo que fosse feito ao distrito um empréstimo de 600.000 dólares, por causa do seu exorbitante déficit de orçamento. Em 1979, o superintendente estadual de educação foi citado porque disse que o distrito deveria ser abolido. Quando lhe foi dada uma oportunidade para esclarecer sua afirmação, declarou que o que quis dizer foi que os programas do distrito nunca deveriam ter sido criados de maneira a isolar uma comunidade pobre das áreas que a circundavam.

Em 1983 Sands foi forçado a se demitir e a estabilidade administrativa finalmente chegou ao distrito na pessoa de uma mulher afro-americana,

Dra. Connie Dayton. Ela era bastante conhecida em todo o estado, como antiga assistente de superintendente estadual, e como superintendente de um distrito, em outra parte do estado, que lembrava Pinewood na situação sócio-econômica e no desempenho acadêmico. Politicamente astuta e sem medo de pisar nos calos de ninguém, Dayton começou expondo alguns problemas internos de Pinewood. Porque uma das poucas oportunidades de emprego em Pinewood era para profissionais não qualificados, o distrito escolar estava lotado de paraprofissionais, muitos dos quais eram familiares ou amigos dos administrados ou dos membros do conselho. Dayton começou uma campanha para melhorar a imagem do distrito escolar; usou suas conexões e habilidades para atrair milhões de dólares de fundações e por filantropia para Pinewood. Bastante conhecida pelos líderes afro-americanos nacionais, ela foi capaz de trazer uma série de personalidades famosas ao distrito, para discursarem em cerimônias de graduação ou de eventos especiais.

Durante a gestão de Dayton, uma antiga ação legal finalmente conseguiu chegar à corte estadual de apelação. Durante o infame programa de "escape", uma mãe, Martha Teasdale, processou o distrito e os onze distritos circundantes predominantemente brancos e abastados por cumplicidade em fornecer educação inferior aos alunos afro-americanos e latinos. Para a surpresa de quase todos, a decisão do processo de Teasdale foi favorável à querelante (que não tinha mais filhos em idade escolar). O acordo permitia aos pais com filhos desde o jardim da infância até a terceira série, colocarem seus nomes em um sorteio para mandarem as crianças para um dos distritos circunvizinhos mais abastados. No começo do ano letivo, o superintendente de Pinewood selecionaria 150 dos inscritos e seus pais poderiam escolher o distrito fora de Pinewood onde queriam que seus filhos estudassem. Pelo acordo, não mais que 250 alunos poderiam deixar Pinewood. Dayton procurou influenciar o estado para compensar a perda de receita (que decorria da baixa média de freqüência diária), ameaçando "manter os alunos como reféns" se Pinewood sofresse financeiramente. O estado concordou a dar a Pinewood 1 milhão de dólares para compensar a perda do capital pela média de freqüência diária. Depois de vários anos, os alunos beneficiados pelo acordo Teasdale começaram a voltar para Pinewood. Os relatos de racismo e discriminação por parte dos professores e alunos nos distritos circunvizinhos, convenceram muitos pais de que ir à escola com crianças brancas ricas não valia um trauma.

Desde sua incorporação, Pinewood tem lutado para combater o flagelo das drogas, especialmente do crack e da cocaína. Lutas por territórios de droga têm resultado em fazer de Pinewood uma das mais violentas cidades do país. Os dois últimos anos letivos viram alunos de Pinewood serem mortos por tiros provenientes de ocupantes de veículos em movimento ou por assassinatos do tipo execução. As famílias sofreram (e continuam a sofrer) de um tremendo estresse. Mais e mais avós se tornam responsáveis por sustentar os filhos de seus filhos. A escola se tornou a principal protagonista da educação de muitas das crianças; os que têm sorte, acabam em turmas onde o ensino culturalmente relevante é praticado.

Uma última palavra sobre as professoras

Cinco das oito professoras deste estudo tiveram uma longa permanência em Pinewood. Testemunharam e foram vítimas das freqüentes disputas e mudanças administrativas. Viram o que as drogas e a negligência estadual e federal fizeram com a comunidade. Permaneceram em Pinewood porque queriam, não porque precisavam. A todas elas foi oferecida uma oportunidade de lecionar em um ambiente escolar mais abastado e menos estressante. Mas para todas elas, lecionar em Pinewood continua sendo uma missão – uma chance de serem participantes ativas da construção de um sonho.

Referências

"Afrocentrism: What's It All About?". *Newsweek*, p. 42-50, 1991.

"The Truth About Teachers". *Videotape*. Santa Monica, Calif.: Pyramid Film and Video, 1989.

AHLQUIST, R. "Position and Imposition: Power Relations in a Multicultural Foundations Class". *The Journal of Negro Education*, 60(2), p. 158-169, 1990.

APPLE, M. "Is There a Curriculum Voice to Reclaim?". *PhiDelta Kappan*, 71(7), p. 526-530, 1990.

ARNOVE, R. e GRAFF, H. "National Literacy Campaigns: Historical and Comparative Lessons". *PhiDelta Kappan*, 69(3), p. 202-206, 1987.

ASANTE, M. K. *The Afrocentric Idea*. Philadelphia: Temple University Press, 1987.

AU, K. e JORDAN, C. "Teaching Reading to Hawaiian Children: Finding a Culturally Appropriate Solution". In: TRUEBA, H.; GUTHRIE, G.; AU, K. (eds.). *Culture and the Bilingual Classroom: Studies in Classroom Ethnography*. Rowley, Mass.: Newbury House, 1981. p. 139-152.

AUSTIN, G. "Exemplary Schools and the Search for Effectiveness". *Educational Leadership*, 37, p. 10-14, 1979.

BELL, D. *And We Are Not Saved: The Elusive Quest for Racial Justice*. New York: Basic Books, 1987.

BELL, D. *Faces at the Bottom of the Well: The Permanence of Racism*. New York: Basic Books, 1992. p. 198.

BENNETT, W. *James Madison High School: A Curriculum for American Students*. Washington, D.C.: U.S. Department of Education, 1987.

BERLINER, D. "Implications of Studies in Pedagogy for Teacher Education". Trabalho apresentado na Educational Testing Service International Conference on New Directions for Teacher Assessment. New York, p. 39, 1988.

BETTLEHEIM, B. "Teaching the Disadvantaged". *National Education Association Journal*, 54, p. 8-12, 1965.

BLOOM, A. *The Closing of the American Mind: How Higher Education Has Failed Democracy and Impoverished the Souls of Today's Students*. New York: Simon & Schuster, 1987.

BLOOM, B.; DAVIS, A.; HESS, R. *Compensatory Education for Cultural Deprivation*. Troy, Mo.: Holt, Rinehart & Winston, 1965.

BRAY, R. "The Miseducation of Our Children". *Essence*, p. 79-80, 153-156, 1987.

BROOKOVER, W. B. e LEZOTTE, L. "Changes in School Characteristics Coincident with Changes in Students Achievement". Trabalho inédito. Michigan State University, 1979. (ERIC ED 181 005)

CARTWRIGHT, M. e D'ORSO, M. *For the Children*. New York: Doubleday, 1993.

CASEY, K. I. *Answer with My Life: Life Stories of Women Teachers Working for Social Change*. New York: Routledge & Kegan Paul, 1993.

CAZDEN, C. e LEGGETT, E. "Culturally Responsive Education: Recommendations for Achieving Lau Remedies II". In: Trueba, H.; GUTHRIE, G.; AU, K. (eds.). *Culture and the Bilingual Classroom: Studies in Classroom Ethnography*. Rowley, Mass.: Newbury House, 1981. p. 69-86.

CHAN, V. e MOMPARLER, M. "George Bush's Report Card: What's He Got Against Kids?". *Mother Jones*, p. 44-45, 1991.

COHEN, E. e BENTON, J. "Making Groupwork Work". *American Educator*, p. 10-17, 45-46, 1988.

COLLINS, P. *Black Feminist Thought*. New York: Routledge & Kegan Paul, 1991.

COMER, J. "New Haven's School-Community Connection". *Educational Leadership*, p. 13-16, 1987.

COOPER, H. "Pygmalion Grows Up: A Model for Teacher Expectation Communication and Performance Influence". *Review of Educational Research*, 49(3), p. 389-410, 1979.

CORNBLETH, C. e WAUGH, D. "The Great Speckled Bird: Education Policy-in-the-Making". *Educational Researcher*, 22(7), p. 31-37.

CRANO, W. e MELLON, P. "Causal Influences of Teachers' Expectations on Children's Academic Performance: A Cross-Lagged Panel Analysis". *Journal of Educational Psychology*, 70(1), p. 39-44, 1978.

CUBAN, L. "The 'At-Risk' Label and the Problem of Urban School Reform". *PhiDelta Kappan*, 70, p. 780-784, 799-801, 1989.

CUMMINGS, J. "Empowering Minority Students". *Harvard Educational Review*, 17(4), p. 18-36, 1986.

DeCASTELL, S. e LUKE, A. "Defining Literacy in North American Schools: Social and Historical Conditions and Consequences". *Journal of Curriculum Studies*, 15, p. 373-389, 1983.

DELPIT, L. "Skills and Others Dilemmas of a Progressive Black Educator". *Harvard Educational Review*, 56, p. 379-385, 1986.

DELPIT, L. "Seeing Color". *Rethinking Schools*, 5(2), p. 5-6, 1991.

DOLL, R. e HAWKINS, M. *Educating the Disadvantaged*. New York: AMS Press, 1971.

DREEBEN, R. *On What Is Learned in Shool*. Reading, Mass.: Addison-Wesley, 1968. p. 23.

DU BOIS, W. E. B. "Perchstein and Pecksniff". *Crisis*, 36, p. 313-314, 1929.

DU BOIS, W. E. B. "Does the Negro Need Separate Schools?". *Journal of Negro Education*, 4, p. 328-335, 1935.

EDELMAN, M. *Families in Peril: An Agenda for Social Change*. Cambridge, Mass.: Harvard University Press, 1987.

EDMONDS, R. "Effective Schools for the Urban Poor". *Educational Leadership*, 37, p. 15-24, 1970.

EISNER, E. "The Art and Craft of Teaching". *Educational Leadership*, 40, p. 4-13, 1982.

ERICKSON, F. e MOHATT, G. "Cultural Organization and Participation Structures in Two Classrooms of Indian Students". In: SPINDLER, G. (ed.). *Doing the Ethnography of Schooling*. Try, Mo.: Holt, Rinehart & Winston, 1982. p. 131-174.

FERDMAN, B. "Literacy and Cultural Identity". *Harvard Educational Review*, 60(2), p. 181-204, 1990.

FLEMING, J. *Blacks in College*. San Francisco: Jossey-Bass, 1984.

FORDHAM, S. e OGBU, J. "Black Students' School Success: Coping with the Burden of 'Acting White'". *The Urban Review*, 18(3), p. 1-31, 1986.

FOSTER, M. "Constancy, Connectedness and Constraints in the Lives of African American Women Teachers". *National Association of Women's Studies Journal*, 3(2), p. 70-97, 1991.

GADSDEN, V. (ed.). "Literacy and the African American Learner". *Theory into Practice*, 31(4), p. 275, 1991.

GEE, J. P. "Literacy, Discourse, and Linguistics: Introduction". *Journal of Education*, 171(1), p. 5-25, 1989.

GIBSON, R. *Critical Theory and Education*. Suffolk, England: Hodder and Stoughton, 1986.

GIROUX, H. *Theory and Resistance in Education*. South Hadley, Mass.: Bergin & Garvey, 1983.

GIROUX, H. e SIMON, R. "Popular Culture and Critical Pedagogy: Everyday Life as a Basis for Curriculum Knowledge". In: McLAREN, P. e GIROUX, H. (eds.). *Critical Pedagogy, the State, and Cultural Struggle*. Albany, N.Y.: State University of New York Press, 1989. p. 236-252.

GRAFF, G. *Beyond the Culture Wars*. New York: W. W. Norton, 1992.

GRANT, C. "Urban Teachers: Their New Colleagues and Curriculum". *PhiDelta Kappan*, 70(10), p. 764-770, 1989.

GRANT, C. e SECADA, W. "Preparing Teachers for Diversity". In: HOUSTON, W. R. (ed.). *Handbook of Research on Teacher Education*. New York: Macmillan, 1990. p. 403-422.

HABERMAN, M. "More Minority Teacher". *PhiDelta Kappan*, 70(10), p. 771-776, 1989.

HALE-BENSON, J. *Black Children: Their Roots, Culture, and Learning Styles*. Baltimore, MD.: Johns Hopkins University Press, 1986.

HARE, B. e CASTENELL, L. A. "No Place to Run, No Place to Hide: Comparative Status and Future Prospects of Black Boys". In: SPENCER, M. B.; BROOKINS, G. K.; ALLEN, W. R. (eds.). *Beginnings: The Social and Affective Development of Black Children*. Hillsdale, N. J.: Erlbaum, 1985. p. 201-214.

HARLAN, S. "Compared to White Children, Black Children are...". *USA Today*, p. 9A, 1985.

HEATH, S. B. *Ways with Words: Language, Life, and Work in Communities and Classrooms*. Cambridge, England: Cambridge University Press, 1983.

HIRSCH, E. D. *Cultural Literacy: What Every American Needs to Know*. Boston: Houghton Mifflin, 1987.

HIRSHBERG, C. "Bayton's Boys Do the Right Thing". *Life*, p. 24-28, 30, 32, 1991.

HOLLAND, S. "Positive Primary Education for Young Black Males". *Education Week*, Mar. 25, 1987, p. 6, 24.

HOLLINS, E. R. "A Conceptual Framework for Selecting Instructional Approaches and Materials for Inner City Black Youngsters". Trabalho comissionado pela California Curriculum Commission Ad Hoc Committee on Special Needs Students. Sacramento, California, 1989, p. 15.

HOLLINS, E. R. "A Reexamination of What Works for Inner City Black Children". Trabalho apresentado no encontro anual do American Educational Research Association. Boston, 1990.

HOLLINS, E. R. "The Marva Collins Story Revisited". *Journal of Teacher Education*, 32(1), 1982, p. 37-40.

HOOKS, B. *Talking Black: Thinking Feminist, Thinking Black*. Boston: South End Press, 1989. p. 131.

HUGHES, R. "The Fraying of America". *Time*, p. 44-49, 1992.

HYRAM, G. *Challenge to Society: The Education of the Culturally Disadvantaged Child*. New York: Pagent-Poseidon, Ltd., 1972.

IRVINE, J. "Cultural Responsiveness in Teacher Education: Strategies to Prepare Majority Teachers for Successful Instruction of Minority Students". Trabalho apresentado no encontro anual do Project 30. Monterey, California, 1989, p. 4.

IRVINE, J. "Black Parents' Perceptions of Their Children's Desegregated School Experiences". Trabalho apresentado no encontro anual do American Educational Research Association. Boston, 1990.

IRVINE, J. *Black Students and School Failure*. Westport, Conn.: Greenwood Press, 1990.

JACKSON, P. *Life in Classrooms*. Troy, Mo.: Holt, Rinehart & Winston, 1968.

JANKO, E. "Knowing Is Not Thinking". *PhiDelta Kappan*, 70(7), p. 543-544, v.

JORDAN, C. "Translating Culture: from Ethnographic Information to Educational Program". *Anthropology and Education Quarterly*, 16(2), p. 105-123, 1985.

KING, J. e LADSON-BILLINGS, G. "The Teacher Education Challenge in Elite University Settings: Developing Critical Perspectives for Teaching in Democratic and Multicultural Societies". *European Journal of Intercultural Education*, 1(2), p. 15-30, 1990.

KING, J. "Dysconscious Racism: Ideology, Identity, and the Miseducation of Teacher". *Journal of Negro Education*, 60(2), p. 133-146, 1991.

KING, J. "Unfinished Business: Black Student Alienation and Black Teachers' Emancipatory Pedagogy". In: FOSTER, M. (ed.). *Reading in Equal Education*. New York: AMS Press, 1991. p. 245-271.

KING, J. e MITCHELL, C. *Mothers to Sons: Juxtaposing African American Literature with Social Practice*. New York: Peter Lang, 1991.

KOHL, H. I. *Won't Learn from You! The Role of Assent in Learning*. Minneapolis: Milkweed Editions, 1991.

KOZOL, J. *Savage Inequalities*. New York: Crown, 1991. p. 51.

KUHN, T. *The Structure of Scientific Revolutions*. 2. ed. Chicago: University of Chicago Press, s/d.

KUNJUFU, J. *Developing Discipline and Positive Self-Images in Black Children*. Chicago: Afro-American Images, 1984.

LADSON-BILLINGS, G. "Like Lightning in a Bottle: Attempting to Capture the Pedagogical Excellence of Successful Teachers of Black Students". *The International Journal of Qualitative Studies in Education*, 3(4), p. 335-344, 1990a.

LADSON-BILLINGS, G. e KING, J. *Cultural identity of African Americans: Implications for Achievement*. Aurora, Colo.: Mid-Continental Regional Educational Laboratory (McREL), 1990b.

LADSON-BILLINGS, G. "Is Eight Enough: Pedagogical Reflections of Eight Successful Teachers of Black Students". Trabalho apresentado no Wisconsin Center for Educational Research, Visiting Minority Scholars Program, 1990c.

LADSON-BILLINGS, G. "Returning to the Source: Implications for Educating Teachers of Black Students". In: FOSTER, M. (ed.). *Readings in Equal Education*, 11, p. 227-244, 1991.

LADSON-BILLINGS, G. "Distorting Democracy: An Ethnographic Description of the California History-Social Science Textbook Adoption Process". Trabalho apresentado no encontro anual da American Educational Research Association. San Francisco, 1992.

LADSON-BILLINGS, G. "Liberatory Consequences of Literacy". *The Journal of Negro Education*, 61, p. 378-391, 1992.

LADSON-BILLINGS, G. "Who Will Teach Our Children: Preparing Teachers to Successfully Teach African-Americans Students". In: HOLLINS, E.; KING, J.; HAYMAN, W. (eds.). *Building the Knowledge Base for Teaching Culturally Diverse Learners*. Albany, N.Y.: University of New York Press, 1994. p. 129-142.

LEVINE, D. e STARK, J. "Instructional and Organizational Arrangements that Improve Achievement in Inner-City Schools". *Educational Leadership*, p. 41-46, 1982.

LIGHTFOOT, S. L. *The Good High School: Portraits of Character and Culture*. New York: Basic Books, 1983.

LIPMAN, P. "Influence of School Restructuring on Teachers' Beliefs and Practices with African-American Students". Dissertação de doutorado inédita. Madison, Wis.: University of Wisconsin, 1993.

LOWE, R. "The Struggle for Equal Education: An Historical Note". *Rethinking Schools*, 2(2), p. 5, 1988.

McLAREN, P. *Life in Schools: An Introduction to Critical Pedagogy in the Foundations of Education*. White Plains, N.Y.: Longman, 1989. p. 215.

McPARTLAND, J. "The Relative Influence of School and of Classroom Desegregation on the Academic Achievement of Ninth-Grade Negro Students". *Journal of Social Issues*, 25(3), p. 93-103, 1969.

MITCHELL, J. "Reflections of a Black Social Scientist: Some Doubts, Some Hopes". *Harvard Educational Review*, 52, p. 27-44, 1982.

MOHATT, G. e ERICKSON, F. "Cultural Differences in Teaching Styles in an Odawa School: A Sociolinguistic Approach". In: TRUEBA, H.; GUTHRIE, G.; AU, K. (eds.). *Culture and the Bilingual Classroom: Studies in Classroom Ethnography*. Rowley, Mass.: Newbury House, 1981. p. 105-119.

MURRELL, P. "Our Children Deserve Better". *Rethinking Schools*, 2(2), p. 1, 4, 15, 1988.

MURRELL, P. "Cultural Politics in Teacher Education". In: FOSTER, M. (ed.). *Readings on Equal Education*, 11. New York: AMS Press, 1991. p. 205-225.

MURREL, P. "Afrocentric Immersion: Academic and Personal Development of African American Males in Public Schools". In: PERRY, T. e FRASER, J. *Freedom's Plow: Teaching in Multicultural Classrooms*. New York: Routledge & Kegan Paul, 1993. p. 231-256.

NOBLES, W. "Psychological Research and the Black Self-Concept: A Critical Review". *Journal of Social Issues*, 29(1), p. 11-31, 1973.

NODDINGS, N. *Caring: A Feminine Approach to Ethics and Moral Education*. Berkeley, Calif.: University of California Press, 1984.

ORNSTEIN, A. e VAIRO, P. (eds.). *How to Teach Disadvantaged Youth*. New York: McKay, 1968.

ORNSTEIN, A. "The Need for Research on Teaching the Disadvantaged". *Journal of Negro Education*, 40(2), p. 133-139, 1971.

PALEY, V. G. *White Teacher*. Cambridge, Mass.: Harvard University Press, 1979.

RATHS, L.; HARMIN, M.; SIMON, S. *Values and Teaching. Working with Values and Teaching. Working with Values in the Classroom*. 2. ed. Columbus, Ohio: Merrill, 1987.

RATTAREY, J. D. "Access to Quality: Private Schools in Chicago's Inner City". *Heartland Policy Study*, 9. Chicago: Heartland Institute, 1986.

RATTERAY, J. D. *What's in a Norm: How African Americans Score on Achievement Tests*. Washington, D.C.: Institute for Independent Education, 1989.

RIST, R. "Student Social Class and Teacher Expectations: The Self-Fulfilling Prophecy in Ghetto Education". *Harvard Educational Review*, 40, p. 411-451, 1970.

SCHULMAN, J. e MESA-BAINS, A. (eds.). *Diversity in the Classroom: A Casebook for Teachers and Teacher Educators*. Hillsdale, N.J.: Erlbaum, 1993.

SHULMAN, L. "Those Who Understand: Knowledge Growth in Teaching". *Educational Researcher*, 15(4), p. 4-14, 1986.

SCHULMAN, L. "Knowledge and Teaching: Foundations of the New Reform". *Harvard Educational Review*, 57(1), p. 1-22, 1987.

SIMON, S.; HOWE, L.; KIRSCHENBAUM, H. *Values Clarification: A Handbook of Practical Strategies for Teachers and Students*. New York: Hart, 1972.

SIROTNIK, K. "Studying the Education of Educators: Methodology". *Phi Delta Kappan*, 70(3), p. 241, 1991.

SIZER, T. *Horace's School: Redesigning the American High School*. Boston: Houghton Mifflin, 1992.

SLAVIN, R. "Cooperative Learning and the Cooperative School". *Educational Leadership*, 45, p. 7-13, 1987.

SLAVIN, R. e MADDEN, N. "What Works for Students at Risk: A Research Synthesis". *Educational Leadership*, 46(5), p. 4-13, 1988.

SMITH, M. "Metanalyses of Research on Teacher Expectation". *Evaluation in Education*, 4, p. 53-55, 1980.

SPINDLER, G. "Roger Harker and Schönhausen: From the Familiar to the Strange and Back Again". In: SPINDLER, G. *Doing the Ethnography of Schooling*. Prospect Heights, Ill.: Waveland Press, 1982. p. 20-46.

SPRADLEY, J. *The Ethnographic Interview*. Troy, Mo.: Holt, Rinehart & Winston, 1979.

TAYLOR, D. e DORSEY-GAINES, C. *Growing Up Literate: Learning from Inner-City Families*. Portsmouth, N.H.: Heinemann Educational Books, 1988.

VILLEGAS, A. "School Failure and Cultural Mismatch: Another View". *The Urban Review*, 20(4), p. 253-265, 1988.

VOGT, L.; JORDAN, C.; THARP, R. "Explaining School Failure, Producing School Success: Two Cases". *Anthropology and Education Quarterly*, 18(4), p. 276-286, 1987.

WILSON, T. L. "Notes Toward a Process of Afro-American Education". *Harvard Educational Review*, 42, p. 374-389, 1972.

WINFIELD, L. "Teacher Beliefs Toward At-Risk Students in Inner Urban Schools". *The Urban Review*, 18(4), p. 253-267, 1986.

CONHEÇA OUTROS TÍTULOS DA
Coleção Cultura Negra e Identidades

- **Afirmando direitos – Acesso e permanência de jovens negros na universidade**
  Nilma Lino Gomes e Aracy Alves Martins
  As políticas de Ações Afirmativas, dentro das quais se insere o Programa Ações Afirmativas na UFMG, apresentado e discutido neste livro, exigem uma mudança de postura do Estado, da universidade e da sociedade de um modo geral para com a situação de desigualdade social e racial vivida historicamente pelo segmento negro da população brasileira. A concretização da igualdade racial e da justiça social precisa deixar de fazer parte somente do discurso da nossa sociedade e se tornar, de fato, em iniciativas reais e concretas, aqui e agora.

- **Afro-descendência em *Cadernos Negros* e *Jornal do MNU***
  Florentina da Silva Souza
  A escolha de uma produção textual que se define como "negra", como objeto de estudo, evidencia a opção por lidar mais detidamente com uma outra parte da minha formação identitária, o afro, marcado pela cor da pele e pela necessidade de tornar patente a impossibilidade da transparência. Os textos de Sociologia, História, Antropologia, Estudos Culturais, Estudos Pós-coloniais e Black Studies se entrecruzam com debates, reflexões, aulas, seminários, leituras, discursos vários, dos quais me apropriei, atribuindo-lhes valores diferenciados – uma apropriação que faz adaptações, realça o que se configura pertinente para o estudo dos periódicos, explorando as possibilidades de remoldar e trair ou abandonar idéias e conceitos que não s enquadrem nas nuances por mim escolhidas.

- **Bantos, malês e identidade negra**
  Nei Braz Lopes

  Este livro reúne elementos históricos sobre a formação do Brasil em seu caráter étnico, identitário e cultural e mostra ao leitor as contribuições dos Bantos nesse processo. Além disso, Nei Lopes estabelece novos parâmetros sobre a relação entre islamismo e negritude. À guisa de seu envolvimento com a resistência cultural negra no Brasil e na África, apresenta ao leitor uma face da história ignorada por grande parte dos brasileiros. Sobre Nei Lopes, em *Épuras do social: como podem os intelectuais trabalhar para os pobres* (São Paulo: Global, 2004), escreveu o professor Joel Rufino dos Santos: "[...] Nei é um híbrido que ironiza (no sentido socrático de contra-ideologia) suas duas metades. É um aglutinador de pobres negros suburbanos e intelectuais propriamente ditos."

- **Comunidades quilombolas de Minas Gerais no séc. XXI – História e resistência**
  Centro de Documentação Eloy Ferreira da Silva – CEDEFES (Org.)

  Perseguidos, condenados, escondidos – essa foi a vida dos negros em nosso país. Para escaparem da escravidão e da marginalização subseqüente, sofridas ao longo de cinco séculos, os negros do Brasil buscaram locais e formas próprias de sobrevivência, em uma sociedade em que quase tudo lhes era negado. Construíram – antes e depois da Lei Áurea – comunidades próprias onde viveram e, até hoje, vivem e reproduzem suas famílias, seus modos de ser e de fazer, além da religiosidade, da arte e da cultura que secularmente foram criando, recriando e passando às novas gerações.

  Com a Constituição de 1988, essas comunidades obtiveram o reconhecimento de seus direitos sobre o seu território e a sua cultura. Somente a partir desse momento os quilombolas começaram a sair da "invisibilidade" social a que foram relegados nesses 500 anos.

  Este livro é uma fonte básica de consulta para todos aqueles que querem conhecer o que foi e o que ainda representa essa extraordinária luta pela vida, pela dignidade, pela terra e pela alegria dos quilombolas em Minas Gerais.

- **Diversidade, espaço e relações étnico-raciais: o negro na Geografia do Brasil**
Renato Emerson dos Santos (Org.)

A produção de uma imagem de território que remete exclusivamente à colonização pela imigração européia oculta a presença negra, apaga a escravidão da história da região e assim autoriza violências diversas. Como solução para esse entendimento fragmentado, os autores desta coletânea apresentam artigos que mostram as múltiplas possibilidades de formação do conhecimento que a Geografia permite ao contemplar o Brasil em sua totalidade e diversidade de povos. Para isso, acenam com a importância do ensino da Geografia, que tem imensa responsabilidade social porque informa às pessoas sobre o país em que elas vivem e ajudam a construir.

- **Experiência étnico-culturais para a formação da professores**
Nilma Lino Gomes e Petronilha Beatriz Gonçalves e Silva (Orgs.)

Pesquisadores e pesquisadoras, nacionais e estrangeiros, projetam suas interpretações sobre uma questão que está no centro das atenções de grupos de militância, estudiosos, políticos: a diversidade étnico-cultural. Dirigido de maneira especial aos professores e à sua formação, este livro é indispensável para o debate sobre a educação e os processos de busca de identidade, nos quais estarão sempre presentes as tensões, os conflitos e as negociações entre os semelhantes e os diferentes.

- **O drama racial de crianças brasileiras – Socialização entre pares e preconceito**
Rita de Cássia Fazzi

O tema central deste livro é o preconceito racial na infância. Entender como crianças, em suas relações entre si, constroem uma realidade preconceituosa é de fundamental importância para a compreensão da ordem racial desigual existente no Brasil. É este o objetivo deste trabalho: descobrir, em termos sociológicos, a teoria do preconceito racial, sugerida pela forma como as crianças observadas estão elaborando suas próprias experiências raciais. A conquista da igualdade racial passa pelo estudo dos mecanismos discriminatórios atuantes na sociedade brasileira.

- **Os filhos da África em Portugal – Antropologia, multiculturalidade e educação**
  Neusa Mari Mendes de Gusmão
  Ao eleger crianças e jovens africanos e luso-africanos como sujeitos do olhar, esse livro assumiu, como tema central, a condição étnica decorrente da origem e da cor. A mesma razão tornou significativo o desvendar das estratégias de sobrevivência dos indivíduos e grupos frente a crises, dificuldades e rupturas que vivenciam como comunidade ou como membro de um grupo particular, no interior do qual os mecanismos de convivência étnica e racial são elaborados e transformados pelo contato com a sociedade nacional em que se inserem.

- **O jogo das diferenças – O multiculturalismo e seus contextos**
  Luiz Alberto Oliveira Gonçalves e Petronilha Beatriz Gonçalves e Silva
  Este livro, de Luiz Alberto Oliveira Gonçalves e Petronilha B. Gonçalves e Silva, fala sobre o direito à diferença e busca compreender, na cena social, os diversos significados de multiculturalismo. Os autores observam conceitos como "discriminação", "preconceito" e "politicamente correto" e e constatam que as regras desse "jogo das diferenças" estão em constante mudança.

- **Rediscutindo a mestiçagem no Brasil – Identidade nacional *versus* Identidade negra**
  Kabengele Munanga
  É à luz do discurso pluralista ermegente (multiculturalismo, pluriculturalismo) que a presente obra recoloca em discussão os verdadeiros fundamentos da identidade nacional brasileira, convidando estudiosos da questão para rediscuti-la e melhor entender por que as chamadas minorias, que na realidade constituem maiorias silenciadas, não são capazer de contruir identidades políticas verdadeiramente mobilizadoras. Essa discussão não pode ser sustentada sem colocar no bojo da questão o ideal do branqueamento materializado pela mestiçagem e seus fantasmas.

- **Sem perder a raiz: corpo e cabelo como símbolos da identidade negra**
  Nilma Lino Gomes
  O cabelo é analisado na obra da Profa. Nilma Lino Gomes, não apenas como fazendo parte do corpo individual e biológico, mas, sobretudo, como

corpo social e linguagem; como veículo de expressão e símbolo de resistência cultural. É nesta direção que ela interpreta a ação e as atividades desenvolvidas nos salões étnicos de Belo Horizonte a partir da manipulação do cabelo crespo, baseando-se nos penteados de origem étnica africana, recriados e reinterpretados, como formas de expressão estética e identitária negra. A conscientização sobre as possibilidades positivas do seu cabelo oferece uma notável contribuição no processo de reabilitação do corpo negro e na reversão das representações negativas presentes no imaginário herdado de uma cultura racista. (Kabengele Munanga – Prof. Titular do Departamento de Antropologia da USP.)

- **Um olhar além das fronteiras: educação e relações raciais**
Nilma Lino Gomes (Org.)

O diálogo além das fronteiras realizado neste livro está alicerçado em um dos ensinamentos de Paulo Freire: de que uma das nossas brigas como seres humanos deva ser dada no sentido de diminuir as razões objetivas para a desesperança que nos imobiliza. Nesse sentido, a recusa ao fatalismo cínico e imobilizante pregado pelo contexto neoliberal, pela globalização capitalista, pela desigualdade social e racial deve se pautar em uma postura epistemológica e política criticamente esperançosa. É o que o leitor e a leitora encontrarão nas páginas deste livro.

QUALQUER LIVRO DO NOSSO CATÁLOGO NÃO ENCONTRADO NAS LIVRARIAS PODE SER PEDIDO POR CARTA, FAX, TELEFONE OU PELA INTERNET.

Rua Aimorés, 981, 8º andar – Funcionários
Belo Horizonte-MG – CEP 30140-071

Tel: (31) 3222 6819
Fax: (31) 3224 6087
Televendas (gratuito): 0800 2831322

vendas@autenticaeditora.com.br
www.autenticaeditora.com.br

ESTE LIVRO FOI COMPOSTO COM TIPOGRAFIA TIMES NEW ROMAN E IMPRESSO EM PAPEL OFF SET 75 G. NA FORMATO ARTES GRÁFICAS.